Ulrike Blucha / Meggi Schuler

Geschichten zur Förderung der Grob- und Feinmotorik

Ulrike Blucha / Meggi Schuler

Geschichten zur Förderung der Grob- und Feinmotorik

HERDER

FREIBURG · BASEL · WIEN

© Verlag Herder GmbH, Freiburg im Breisgau 2009
Alle Rechte vorbehalten
www.herder.de

Umschlaggestaltung und -konzeption:
R M E München / Roland Eschlbeck, Rosemarie Kreuzer
Umschlagfoto: Hartmut W. Schmidt, Freiburg
Fotos Innenteil: S. 9, 31: Hartmut W. Schmidt, Freiburg
Alle übrigen Fotos: Meggi Schuler, Ulrike Blucha
Illustrationen Innenteil: Elisabeth Lottermoser
Layout, Satz und Gestaltung: HellaDesign, Emmendingen
Druck und Bindung: fgb · freiburger graphische betriebe
www.fgb.de

Gedruckt auf umweltfreundlichem, chlorfrei gebleichtem Papier
Printed in Germany

ISBN 978-3-451-32262-4

Inhalt

Vorwort 8

Was man über die Motorik wissen sollte 11
Theoretische Grundlagen 12

Wie sind Grob- und Feinmotorik zu unterscheiden 13
Die motorische Entwicklung im Kindesalter 17
Bewegung und Koordination in der Grobmotorik 24
Bewegung und Koordination in der Feinmotorik 25
Diagnose von motorischen Störungen 26
Förderstellen und Therapien 28

Wie man die Motorik fördern kann 31
Praktische Angebote 32

Fußballfieber 33
    Geschichte: Jans großer Tag 33
    Trainingseinheit 36
    Tischset anfertigen 38
    Fußball-Memory herstellen 38
    Meisterschale basteln 40
    Fußballfahne gestalten 40
    Rezept: Energieriegel 41
    Weitere Anregungen zum Thema 42

Hexenzauber 43
   Geschichte: Vier kleine Hexenschwestern 43
   Hexenwald im Schuhkarton darstellen 48
   Hexenschuhe gestalten 49
   Zauberstab basteln 49
   Hexenkessel anfertigen 50
   Rezept: Hexengebräu 51
   Hexenspiele 52
   Weitere Anregungen zum Thema 54

Wunderbare Unterwasserwelt 57
   Geschichte: Die kleine Qualle findet Freunde 57
   Bewegungsspiele 60
   Bodenspiel „Am Meer" herstellen 63
   Fische als Stabfiguren gestalten 66
   Schwimmenden Delfin basteln 67
   Wasserbild anfertigen 68
   Unterwasser-Wandbild erarbeiten 68
   Weitere Anregungen zum Thema 71

Cowboys und Indianer 73
   Geschichte: Joey und Tadi 73
   Bewegungseinheit für den Turnraum 80
   Indianerfest (Powwow) 83
   Cowboy- und Indianerwürfelspiel herstellen 86
   Marterpfahl anfertigen 90
   Beschützeramulett gestalten 91
   Steckenpferd gestalten 92
   Weitere Anregungen zum Thema 94

Allerlei aus dem Schmuckkästchen	95
Geschichte: Das Schmuckkästchen	95
Quatschgeschichte mit Bewegungen	100
Aufgabenturnen mit Accessoires	102
Schmuck herstellen	104
Tücher und T-Shirts gestalten	106
Hut basteln	108
Tasche anfertigen	109
Weitere Anregungen zum Thema	110
Terry vom Planeten Aquaterra	112
Geschichte: Auf dem Planeten Aquaterra	112
Der Brief von Terry	115
Reiseroute darstellen	116
Eine Schlafstelle für Terry einrichten	117
Blumentöpfe verzieren	117
Bunte Etiketten anfertigen	117
Terry als Kantenhocker gestalten	118
Waldspaziergang mit Terry	119
Baumeindrücke sammeln	122
Abschiedsbrief von Terry	123
Weitere Anregungen zum Thema	125
Anhang	127
Literaturtipps	127
Spiele für Kinder	128
Internetadressen	128

Vorwort

Balancieren, Rückwärtsgehen oder auf einem Bein Hüpfen ist für viele Kinder ganz einfach. Aber was ist mit den Kindern, die diese Bewegungsabläufe kaum oder gar nicht ausführen können? Am Malen, Schneiden, Türme Bauen haben viele Kinder große Freude. Aber was ist mit den Kindern, die diese und ähnliche Tätigkeiten meiden?

Bei Störungen in der Grob- und Feinmotorik fallen Kinder auf durch ungeschicktes, überängstliches oder draufgängerisches Bewegungsverhalten, mangelnde Körperspannung oder unangemessene Kraftdosierung. Sich ihrer Defizite bewusst, machen die meisten einen großen Bogen um Bewegungsangebote, Bewegungsspiele, aber auch Bastelangebote, Puzzeln sowie Bauen mit Konstruktionsmaterial. Die Angst vor weiterer Frustration und Enttäuschung ist groß und nagt am Selbstwertgefühl.

Mit diesem Buch möchten wir Erzieherinnen und anderen pädagogischen Fachkräften einen Einblick in die Entwicklung der Motorik geben und über gängige Therapiemöglichkeiten informieren. Den Schwerpunkt dieses Buches bilden themenorientierte Projekte, durch die motorisch auffällige Kinder im Kindergarten spielerisch gefördert werden können. Über eine Einstiegsgeschichte werden viele unterschiedliche Möglichkeiten geschaffen, die Grob- und Feinmotorik zu unterstützen, ohne dass es für das Kind nach Üben aussieht. Viele Ergebnisse dieser Übungen sind anschließend für die Gruppe nutzbar. Die gesamten Förderideen auf einer Geschichte aufzubauen, regt die Fantasie der Kinder an und erhöht ihre Bereitschaft zur Mitarbeit.

Über diese Fördermaßnahmen hinaus ist es möglich, die Angebote durch eigene Ideen zu den einzelnen Bildungsbereichen zu ergänzen und sie so als ganzheitliches Projekt für eine größere Gruppe durchzuführen.

Allerdings ist beim Einbeziehen anderer Kinder zu beachten, dass eine homogene Gruppe entsteht, in der sich das motorisch auffällige Kind nicht unter Druck gesetzt fühlt und integriert ist.

Gezielte Fördermaßnahmen sind sehr wichtig und unterstützen die Entwicklung und das Selbstvertrauen des Kindes. Mindestens genauso wichtig sind aber auch Toben, Klettern, Laufen, Balancieren, Hüpfen, Springen und viele andere Bewegungsabläufe, die das Kind aus eigenem Antrieb immer wieder ausprobiert. Daher ist es wichtig, hier Freiräume zu schaffen, viele Spielmöglichkeiten im Freien oder im Bewegungsraum anzubieten und das Kind in seinem Tun zu bestärken. Denn eine gut entwickelte Grobmotorik ist die beste Grundlage für differenzierte feinmotorische Fertigkeiten.

Ein kleiner Schritt kann manchmal
eine große Bewegung auslösen

Hermann Lahm

Was man über die Motorik wissen sollte

Theoretische Grundlagen

Um Kinder mit motorischen Schwierigkeiten verstehen und gezielt fördern zu können, ist ein Einblick in die Grundlagen dieses Entwicklungsbereichs wichtig.

Motorik bedeutet, dass der menschliche Körper und dessen Organe fähig sind, Bewegungsabläufe zu organisieren und zu koordinieren. Beginnend mit den Magen- und Darmbewegungen, den unwillkürlichen Reflexen sowie den mimischen und gestischen Bewegungen des Ausdrucks (beispielsweise der Gesichtsausdruck von Angst oder Erschrecken) werden die motorischen Abläufe zum größten Teil vom Unterbewusstsein gelenkt. Im Gegensatz dazu steuert das Zentrale Nervensystem die bewusst kontrollierten Bewegungsabläufe von Armen, Beinen, Rumpf, Bauch, Becken, Rücken, Kopf und Schultern zum Beispiel beim Laufen oder Hüpfen.

Wie sind Grob- und Feinmotorik zu unterscheiden?

Grobmotorik

Der Vorgang der Grobmotorik (auch Großmotorik genannt) ist sehr umfassend, da er in unterschiedliche Bewegungseigenschaften untergliedert ist. Durch diese Eigenschaften kann Bewegung näher definiert und beschrieben werden.

Grobmotorische Bewegungseigenschaften
- Die **Koordination** dient einem harmonischen und sinnvollen Zusammenspiel einzelner Bewegungen.
- Der **Bewegungsrhythmus** definiert den gleichmäßigen Wechsel von Spannung und Entspannung vieler Bewegungsabläufe.
- Das **Gleichgewicht** ist die balancierende Körperhaltung auf einem stabilen Untergrund oder einer beweglichen Unterlage.
- Die **Geschicklichkeit** bedeutet die gezielten Bewegungen der Hände und Füße im Umgang mit Geräten oder Materialien.
- Die **Geschwindigkeit** ist das Tempo der Bewegungsabläufe.
- Die **Kraftdosierung** ist die Stärke, die durch den gesamten Körper oder Teile des Bewegungsapparates ausgeübt wird.
- Die **Elastizität** dient der Geschmeidigkeit und Dehnbarkeit des Körpers in verschiedenen Bewegungen und Positionen.
- Die **Ausdauer** beschreibt das Einteilen der Kräfte.
- Die **Steuerung** ist die Sicherheit des Bewegungsablaufes, verbunden mit einer guten Körperbeherrschung.

Die Beherrschung dieser Bewegungseigenschaften ist Voraussetzung für komplexere Bewegungsabläufe, wie beispielsweise das Werfen und Fangen. Koordination, Geschicklichkeit, Reaktionsschnelligkeit und Steuerung sind hierfür notwendige Merkmale der Bewegung. Ungefähr ab dem 5. Lebensjahr entwickeln sich viele dieser Bewegungseigenschaften zunehmend sicherer. Bewegungsfertigkeiten wie zum Beispiel Schwimmen, Skilaufen, Radfahren oder Inlineskaten können jetzt erlernt werden.

Grobmotorische Störungen
Störungen im Bereich grobmotorischer Bewegungen können aufgrund einer Entwicklungsverzögerung oder einer neurologischen Erkrankung auftreten. Es liegen Defizite in der Verarbeitung von Muskel-, Gelenks- und Gleichgewichtsreizen vor, die oft mit einer niedrigen Muskelspannung (Hypotonie) verbunden sind.

Diese Auffälligkeiten können sich schon im Alltag bemerkbar machen – zum Beispiel durch Schwierigkeiten des Kindes im Umgang mit Besteck oder beim Anziehen und Schleife binden. Diese Kinder meiden dann oft auch Bewegungsspiele und das Kinderturnen oder tun sich schwer dabei. Aufgrund von Misserfolgen ziehen sie sich häufig zurück und ein geringes Selbstwertgefühl kann sich entwickeln. Kinder, die eine grobmotorische Störung aufweisen, wirken meist ungeschickt, tollpatschig und ziellos in ihren Bewegungen.

Feinmotorik

Die Feinmotorik (auch Kleinmotorik bzw. Handgeschicklichkeit genannt) beschreibt die Fähigkeit zu gezielten, koordinierten, fein abgestimmten Bewegungen, für die uns Kopf, Gesicht, Füße und vor allem Hände zur Verfügung stehen.

Die Grundlage für intakte feinmotorische Abläufe ist eine angemessen entwickelte Grobmotorik. Grob- und Feinmotorik stehen also in engem Zusammenhang miteinander. Grobmotorische Defizite haben oft Auswirkungen auf feinmotorische Leistungen wie Malen, Schneiden, Kleben usw. Darüber hinaus trägt das bewusste Handeln mit dem ganzen Körper oder mit den Händen maßgeblich zur Entwicklung der Intelligenz bei.

Die Ausbildung der Feinmotorik steht zudem in engem Zusammenhang mit anderen Sinnessystemen wie Sehen, Fühlen und Gleichgewicht.

Beispiel: Sieht das Baby einen Gegenstand, greift es nach ihm und fühlt ihn in seiner Hand. Das Kind erlebt und begreift seine Umwelt durch die Erfahrung des Anfassens.

Feinmotorische Bewegungseigenschaften

- Die **Hand-Fingerkraft** dient zur Kraftdosierung der Hände und Finger.
- Die **Hand- und Fingergeschicklichkeit** beschreibt die Beweglichkeit und Lockerheit der Hände und Finger.
- Die **Zielgenauigkeit der Einzelbewegung** eines Körperteils umfasst ein visuell exaktes Handeln.
- Die **Beid-Handkoordination** definiert das Zusammenspiel beider Hände.
- Die **Daumen- und Fingerkooperation** ist das gegenseitige Berühren von Daumen und Fingern einer Hand.
- Die **Berührungssensibilität** setzt ein angemessenes Tastempfinden voraus.
- Die **Ausprägung einer Hand** definiert den Handlungsschwerpunkt einer Hand, zum Beispiel die Rechtshändigkeit.
- Die **Mund- und Gesichtsmotorik** beinhaltet die verschiedenen Züge der Mund- und Gesichtsmuskulatur (wie Bewegungen beim Essen und Trinken sowie Mimik- und Artikulationsbewegungen).

Die Motivation für das Tun ist eine wichtige Voraussetzung für alles Lernen und Begreifen.

Feinmotorische Störungen

Es gibt viele mögliche Ursachen für Defizite in der Feinmotorik: beispielsweise eine unterentwickelte Grobmotorik oder Wahrnehmungsstörungen im visuellen und taktilen Sinnesbereich sowie des Gleichgewichts.

Unzulänglichkeiten des Gleichgewichtsinns haben Auswirkungen auf die Bewegungskontrolle und Koordination der Hände und Finger, beispielsweise beim Malen. Liegt eine Sehschwäche vor, sind das Erkennen des Bildes und die Zielgenauigkeit des Handelns erschwert. Das Kind hat dann große Probleme beim Ausmalen eines Bildes. Manche Kinder können sich und den eigenen Körper durch eine gestörte Körperwahrnehmung nicht fühlen, bewegen sich ungeschickt, können ihre Muskelkraft nicht entsprechend einsetzen und stoßen oft an Gegenstände.

Das wirkt sich auch in den Fingerfertigkeiten aus, wie z. B. beim Halten eines Stiftes. Kinder, die eine Störung im Bereich der Handgeschicklichkeit zeigen, haben eine auffallend unreife Stifthaltung und eine verzögerte Malentwicklung.

Da die Ergebnisse oft sehr frustrierend für sie sind, entwickeln sie eine Vermeidungshaltung und zeigen meist wenig Interesse am Malen, Schneiden oder Basteln. Ebenso beim Puzzeln oder Turmbauen, beim Löffelhalten während des Essens und beim An- und Auskleiden haben die Kinder erhebliche Schwierigkeiten. Mangelnde Frustrationstoleranz und ein geringes Selbstbewusstsein können hier die Folge sein.

Die motorische Entwicklung im Kindesalter

Vor der Geburt

Die motorische Entwicklung beginnt bereits im Mutterleib. Schon am Ende der achten Schwangerschaftswoche sind alle Organe des Embryos im Wesentlichen vorhanden und funktionsfähig. Ab der neunten Woche lösen die kindlichen Nerven und Muskeln Ganzkörperbewegungen wie Strecken, Beugen oder Drehen aus, die zunächst noch sehr undifferenziert sind.

Ab der zwölften Woche beginnt das Fötalstadium. Zunehmend reift nun das Zentrale Nervensystem, das mit der Bewegungsentwicklung und der Entwicklung der Sinneswahrnehmung eng verbunden ist. Mit dem Berührungssinn bzw. Tastsinn nimmt der Fötus seinen Körper, seine Muskeln und Gelenke sowie seine Umwelt, die Gebärmutter, Nabelschnur und das Fruchtwasser wahr. Das trägt zur weiteren Ausbildung der Hirnreife bei. Das Kind wird aktiver, es trainiert Muskeln und Koordination. Die Bewegungen werden immer komplexer. Es kann bereits schlucken und saugen, was eine wichtige Voraussetzung für seinen selbständig arbeitenden Organismus außerhalb des Mutterleibs ist. Ab der 14. Woche können Atembewegungen festgestellt werden.

Diese sind im Verlauf der Schwangerschaft immer deutlicher zu spüren. Durch die motorischen Abläufe entwickelt sich der Fötus kontinuierlich weiter. Seine Bewegungsentwicklung baut sich durch unzähliges Wiederholen einzelner Bewegungen immer weiter aus. Das Kind fühlt die schaukelnden Be-

> Um den fünften Schwangerschaftsmonat (17. bis 20. Woche) können die Bewegungen des Kindes wie Strampeln, Purzelbäume, Drehungen und Schluckauf zum ersten Mal von der Mutter wahrgenommen werden.

wegungen der Mutter und ihr Atmen, es erkundet die verschiedenen Oberflächenbeschaffenheiten von Plazenta, Nabelschnur und den eigenen Körperteilen. Zudem nimmt es Reize (Stimmen, Hände auf dem Bauch) außerhalb des Mutterleibs wahr. Auf diese Weise bildet sich das Gehirn immer weiter aus.

Ab der 29. Woche wird es zunehmend enger im Mutterleib. Das Kind hat aber noch ausreichend Platz, sich zu drehen, auch um die endgültige Geburtsposition einzunehmen.

Gegen Ende der Schwangerschaft werden die Aktivitäten des Kindes durch den Platzmangel immer mehr eingeschränkt. Allerdings übt es jetzt durch das Daumenlutschen den Saugreflex. Es trinkt auch Fruchtwasser und scheidet es wieder aus. So werden Magen, Blase und Niere auf ihre künftige Arbeit vorbereitet.

Das Säuglings- und Kleinkindalter

Kopfkontrolle

Das Neugeborene ist auf der Welt. Überlebenswichtig sind nun verschiedene Reflexe, die bereits im Mutterleib entwickelt wurden. Der Saug- und Schluckreflex beispielsweise ermöglicht es dem Kind, Nahrung zu sich zu nehmen.

> Die Reihenfolge der Körperkontrolle entwickelt sich bei jedem Kind gleich, allerdings in unterschiedlicher Geschwindigkeit. Jedes Kind hat sein eigenes Tempo.

Die motorische Entwicklung des Babys beginnt am Kopf und verläuft abwärts bis zu den Füßen. Es erlernt die Muskelbeherrschung von oben nach unten. Zeitpunkte der nun folgenden Ausbildung können also abweichen.

Zunächst hat der Säugling keine Kontrolle über seine Nackenmuskulatur. Sein Kopf liegt immer auf der Seite, egal ob in Bauch- oder Rückenlage. Mit einem Monat kann das Kind den Kopf schon kurz anheben. Mit zwei Monaten etwa beginnt es seinen Kopf kurze Zeit zu stabilisieren, wenn es aufrecht gehalten wird. Ab dem vierten Lebensmonat ist es dem Baby möglich, in Bauchlage auf seine Ellenbogen gestützt, den Kopf dauerhafter aufrecht zu halten. Die Nacken, Schulter- und Armmuskulatur wird dadurch trainiert. Im Alter von fünf Monaten hat das Kind die gesamte Kontrolle über seine Kopfhaltung erworben.

Körperhaltung

Anfangs zieht das Neugeborene alle Gliedmaßen zum Körper hin an und verbringt die meiste Zeit in einer Art Beugehaltung wie im Mutterleib. Da der Kopf des Kindes im Vergleich zum Körper relativ groß ist, sind willkürliche Bewegungen in den ersten Wochen noch eingeschränkt. Doch je stärker die Kopfhaltung vom Baby gesteuert werden kann, desto mehr rollt es Arme und Beine aus. Schließlich kann es seine Glieder frei auf dem Rücken und Hinterkopf liegend ausstrecken. Nun erweitert sich das Blickfeld des Kindes und damit werden die Extremitäten zu weiteren Aktivitäten wie Strampeln und mit den Armen Rudern angeregt. Zwischen dem vierten und achten Lebensmonat beginnt das Kind seine Beine so weit zu beugen, dass es mit den Händen die Füße befühlen und in den Mund stecken kann.

Manuelle Fähigkeiten

Sie sind prägend für den ersten Lebensmonat. Ein wichtiger Reflex ist der Greifreflex: Die Hand des Säuglings schließt sich sofort, wenn seine Handinnenfläche von etwas berührt wird.

> Reflexe sind unkontrollierte Reize, die Bewegungen auslösen.

Meist hält er aber die Hände zu Fäusten geschlossen und öffnet sie nur, wenn er erschrickt. Mit zwei Monaten etwa ist der Greifreflex verschwunden. Das Baby hält die Hände nun fast immer geöffnet und beginnt diese auch zu erforschen. Es erfährt seine Hände als Spielzeug und berührt sie immer wieder gegenseitig. Gibt man dem Kind eine Rassel in die Hand, wird sein Blick durch das Geräusch auf den Gegenstand in seiner Hand gerichtet. Hände und Augen werden aber erst innerhalb der ersten vier bis acht Monate in Zusammenhang gebracht. Das Kind fixiert einen Gegenstand und kann zielgerecht danach greifen. Das nennt man auch Auge-Hand-Koordination.

Die Entwicklung des Greifens verläuft in unterschiedlichen Stufen. Zuerst greift das Baby nur mit der Handinnenfläche und mit beiden Händen nach Spielzeug oder anderen Utensilien. Mit einem halben Jahr beginnt es, einhändig zu greifen und das Spielzeug von einer Hand in die andere Hand zu legen. Oft aber verliert das Kind das Spielzeug dabei, denn beide Hände sind funktional noch nicht voneinander getrennt, d. h. beide Hände öffnen und schließen sich gleichzeitig. Mit sieben bis acht Monaten gewinnen beide Daumen und Zeigefinger an Bedeutung. Der Scherengriff wird eingesetzt, um Gegenstände zu greifen. Ab dem neunten Monat sind die Fingerkuppen von großem Interesse und der Pinzettengriff entwickelt sich. Nach kleinsten Dingen wie Teppichflusen oder Krümeln wird jetzt gerne gegriffen. Das Loslassen bereitet aber noch Schwierigkeiten, da das Lockern der Muskeln noch nicht funktioniert. Meist werden die Gegenstände ruckartig geschleudert, um sie fallen lassen zu können.

Drehungen

Mit etwa drei Monaten drehen sich Babys aus der Rückenlage auf die Seite, aber erst ein paar Wochen später gelingt die komplette Drehung auf den Bauch. Kurz danach erfolgt dann die Drehung vom Bauch auf den Rücken.

Kriechen und Krabbeln

Zu Beginn des zweiten halben Jahres fangen die meisten Kinder an, sich auf unterschiedliche Weise fortzubewegen, sei es durch Rollen im Liegen, Kriechen in Bauchlage, rückwärts Robben usw.

Oft kriechen die Kinder in Bauchlage mit Hilfe der Arme vorwärts. Kurze Zeit später werden die Beine miteinbezogen. Bald kommt das Kind auf Händen und Knien in eine Wipphaltung, doch das Krabbeln will noch nicht gleich funktionieren. Manche Kinder krabbeln zunächst rückwärts, bevor die gewünschte Richtung eingeschlagen wird. Es gibt Kinder, die die Krabbelphase auslassen. Sie ziehen sich gleich vom Sitz in den Stand.

Sitzen

Das selbständige Sitzen wird meist um den neunten bis zehnten Lebensmonat erlernt. Davor ist die Muskelentwicklung noch zu unzureichend ausgebildet, um sich selbst zu stützen. Deshalb sollte ein Kind auch nicht zu früh in eine sitzende Position gebracht werden. Es macht sich durch sein Verhalten schon bemerkbar, wenn es gerne sitzen möchte, beispielsweise streckt es die Arme entgegen oder Kopf und Schulter werden angestrengt angehoben. Sobald das Baby seine Rücken- und Hüftmuskeln anspannen kann, gelingt das selbständige Aufsetzen. Nach einiger Zeit, in der es gelernt hat, ausdauernd aufrecht zu sitzen, beugt es sich auch während des Sitzens vor- und seitwärts, ohne umzufallen.

Stehen

Die ersten Stehversuche machen Babys im Schoß der Eltern. Mit sechs Monaten etwa hüpfen sie mit Hilfe des Erwachsenen auf dem Schoß und üben so das Beugen und Strecken der Beine. Mit neun Monaten beginnt das Kind zu stehen. Es trägt nun seinen ganzen Körper auf zwei Beinen, und durch Festhalten kann es das Gleichgewicht halten. Das ist der Anfang der Laufentwicklung.

Stehen und Gehen

Mit etwa zehn Monaten kann das Kind seine Muskeln vom Kopf bis zu den Knien und Füßen kontrollieren. Es kann stehen und wagt im Festhalten die ersten Schritte seitwärts an einem Möbelstück entlang. Dies wird über einen längeren Zeitraum geübt. Schmale Lücken können nach und nach überwunden werden, wenn das Kind in der Lage ist, eine Hand loszulassen, um damit nach dem nächsten Stützpunkt zu greifen.

Zwischen dem 12. und 16. Lebensmonat beginnen die meisten Kinder mit den ersten freien Schritten ohne Stütze. Sie laufen noch recht unkontrolliert und verwenden ihre gesamte Konzentration auf das selbständige Gehen. Steuern und Bremsen vor Hindernissen müssen erst nach und nach erlernt werden. Erweckt etwas anderes die Aufmerksamkeit des Kindes, lässt es sich auf den Po fallen, um den Gegenstand zu erforschen. Ab dem 16. bis 18. Lebensmonat läuft das Kind wesentlich sicherer und fällt nur noch selten hin. Mittlerweile hat es auch das Aufstehen ohne Hochziehgelegenheit gelernt. Durch Festhalten übt es jetzt auch, Treppen hoch und runter zu gehen.

Komplexe Bewegungen

Die Bewegungsabläufe des Kindes werden ab diesem Zeitpunkt immer komplexer. Mit zweieinhalb Jahren kann das Kleinkind schneller laufen, hüpfen, mit Hilfe balancieren und mit beiden Beinen vom Boden abspringen. Ab drei Jahren bewältigt es Treppen mit einem Fuß pro Stufe. In den folgenden Jahren kommen Bewegungsfertigkeiten wie Dreirad-, Roller- und Fahrradfahren, Klettern, Seilspringen und vieles mehr hinzu. Grundformen der sportlichen Motorik, wie Fangen, Werfen, Springen usw. werden erlernt und können durch Bewegungsspiele verbessert bzw. verfeinert werden.

Motorik und Gesamtentwicklung des Kindes

Mit der motorischen Entwicklung ist auch die Sprach- und Denkentwicklung verbunden. Die verschiedenen Entwicklungsbereiche entwickeln sich nicht getrennt voneinander, sondern bedingen und unterstützen sich gegenseitig. Ein einzelner Bereich beansprucht manchmal jedoch die gesamte Aufmerksamkeit des Kindes. So ist es nicht weiter auffällig, wenn ein Kind erst mit 16 Monaten zu laufen beginnt, dafür aber schon ein paar Wörter sprechen kann.

Mit zehn Monaten etwa hat das Kind große Freude daran, Gegenstände zu greifen, in Behälter zu stecken und wieder herauszuholen. Zudem kann es jetzt klatschen.

> Die grobmotorische Entwicklung ist Grundlage für alle feinmotorischen Fähigkeiten.

Mit ca.15 Monaten kann es eine Tasse halten und selbständig daraus trinken. Jetzt lernt es auch, mit dem Löffel umzugehen, um eigenständig essen zu können.

Bausteine sind nun sehr beliebt, und der Bau eines Turms mit drei Bauklötzen gelingt schon ganz gut. Das Blättern in einem Bilderbuch ist zu diesem Zeitpunkt auch recht spannend, wobei das Kind mehrere Seiten auf einmal umdreht. Das verbessert sich in den kommenden Monaten nach und nach. Mit 18 Monaten kritzeln Kinder gerne mit Stiften auf Papier. Die Stifthaltung entwickelt sich ab dem dritten Lebensjahr. Mit zweieinhalb Jahren haben Kinder Interesse am An- und Ausziehen, am Kneten und am Puzzeln. Türme aus mehreren Bausteinen stellen keine große Hürde mehr dar. Der Umgang mit Stiften wird differenzierter und es lässt sich eine Malentwicklung beobachten. Im Kindergartenalter unterstützen Malen, Schneiden, Kleben, Puzzeln, eigenständiges Essen und Anziehen u.v.m. die feinmotorischen Leistungen. Die Kinder beginnen ihre Namen zu schreiben. Die motorische Grundlage für das Schreibenlernen in der Schule ist gelegt.

Bewegung und Koordination in der Grobmotorik

Erst durch die Koordination einzelner Bewegungsabläufe ergibt sich ein sinnvolles Zusammenspiel aller Körperteile und dadurch auch die Möglichkeit, neue Bewegungsmuster zu erlernen und zu automatisieren.

Unterscheiden kann man dabei fünf unterschiedliche koordinative Fähigkeiten. Um Kinder mit Problemen im motorischen Bereich entsprechend fördern zu können, ist es angebracht, sie bezüglich folgender Punkte genau zu beobachten.

Koordinative Fähigkeiten

- Die **Gleichgewichtsfähigkeit** bedeutet, den Körper ohne großen Kraftaufwand mit ausgleichenden Bewegungen im Gleichgewicht zu halten.
- Die **Reaktionsfähigkeit** fordert vom Körper, auf verschiedene Reize schnell zu reagieren. Dies ist besonders wichtig im Straßenverkehr.
- Die **Orientierungsfähigkeit** dient dazu, sich über die Raum-Lage-Beziehungen klar zu sein und sich im Raum bewusst bewegen zu können.
- Die **Differenzierungsfähigkeit** bestimmt über die Bewegungsgenauigkeit.
- Die **Rhythmusfähigkeit** ermöglicht den Kindern, sich rhythmisch zu bewegen (wie zum Beispiel zu tanzen, zu klatschen), und zu einem eigenen harmonischen Bewegungsablauf zu gelangen.

Um das **Zusammenspiel aller Körperteile** zu fördern, sind Spiele und Angebote wichtig, die folgende Elemente zum Inhalt haben:

- die Koordination von Armen und Beinen
- die Auge-Hand-Koordination
- die Auge-Fuß-Koordination
- die Koordination der linken und rechten Körperhälfte und
- das Überkreuzen der Körpermitte

Bewegung und Koordination in der Feinmotorik

Kinder, die bereits bei der Einschulung über ein gutes graphomotorisches Können (Handgeschicklichkeit) verfügen, starten leichter in den Schulalltag. Denn wer sich beim Schreiben nicht mehr allzusehr auf die Handbewegungen konzentrieren muss, kann sich besser auf die kognitiven Anforderungen einstellen. Darum ist es wichtig, auch schon bei jüngeren Kindern auf die Handgeschicklichkeit zu achten. Spielen im Sand, Kneten, Umgang mit Stiften und Konstruktionsmaterial, aber auch Übungen des täglichen Lebens wie Hände waschen, Abspülen oder selbständiges Anziehen sind vielseitige Geschicklichkeitsübungen.

> Eine gute **Handgeschicklichkeit** setzt sich aus vielen Teilbereichen zusammen:
> - gute Koordination beim beidhändigen Spielen
> - Beweglichkeit und Geschicklichkeit der Finger und Handgelenke
> - Beweglichkeit der Schultern und Ellenbogen
> - Kraft und Kraftdosierung der Hände
> - klare Handdominanz
> - genaue Auge-Hand-Koordination, Zielgenauigkeit
> - gutes Tast- und Berührungsempfinden und die
> - Hand-Mund-Koordination

Zusammen mit dem Tastsinn ist die Bewegungsfähigkeit der Hände und der Finger die Grundlage für das gesamte „Handeln". Das wiederum ist eine Voraussetzung für die Entwicklung der Intelligenz, denn nur so ist es möglich, etwas durch Anfassen zu „begreifen".

Tipp: Begleiten Sie die Übungen auch ständig verbal. Denn im Gehirn liegen die Zentren für Mundmotorik und Handmotorik direkt nebeneinander. Das erklärt auch, warum Kinder mit einer guten Mundmotorik auch mit den Händen oft sehr geschickt sind.

Diagnose von motorischen Störungen

Fallen Kinder im grob- und / oder feinmotorischen Bereich durch eine nicht altersgemäße Entwicklung auf, müssen möglichst schnell die Ursachen geklärt werden. Als Erstes sollte der Kinderarzt körperliche Defizite ausschließen, denn dann werden unter Umständen andere Maßnahmen (zum Beispiel Einlagen, Operationen, gezielte Krankengymnastik) vorgeschaltet.

Zur weiteren Diagnostik können Heilpädagogen, Physiotherapeuten, Motopäden, Krankengymnasten oder Ergotherapeuten hinzugezogen werden. Mit Hilfe einiger Tests lassen sich gute Ansätze für eine Förderung erzielen.

Diagnostische Verfahren

KTK (Körper-Koordinationstest für Kinder)
Einsatzbereich: Kinder von 5–14 Jahren
Dieser Test besteht aus vier Untertests (rückwärts Balancieren, seitliches Hin- und Herhüpfen, einbeiniges Überhüpfen und seitliches Um-

setzen), mit denen die gesamte Körperbeherrschung erfasst wird. Der Test kann auch bei Kindern mit Lernbehinderungen angewandt werden.

LOS KF 18 (Lincoln-Oseretzky-Skala Kurzform)
Einsatzbereich: Kinder von 5–13 Jahren
Hinter dieser Kurzform verbirgt sich ein Test zur Feststellung des motorischen Entwicklungsstandes. Er besteht aus 18 Einheiten, welche zum Beispiel die statische Koordination, die Koordination der oberen Extremitäten und des gesamten Körpers, die Bewegungsgeschwindigkeit oder die Durchführung gleichzeitiger Bewegungen abfragen. Für Kinder mit Lernbehinderungen oder geistiger Behinderung wird das Eingangsalter auf 7 Jahre erhöht.

MOT 4–6
Einsatzbereich: Kinder von 4–6 Jahren, bei behinderten Kindern bis 7 oder 8 Jahren
Dieser wohl bekannteste Test besteht aus 18 Aufgaben, bei denen unter anderem das gesamtkörperliche Geschick und Gleichgewicht sowie die Reaktionsfähigkeit, Sprungkraft, Schnelligkeit und Koordination beurteilt werden.

Allgemeine Entwicklungstests
Aber auch in allgemeinen Entwicklungstests wird der Entwicklungsstand im Bereich Fein- und Grobmotorik erfasst. Bekannt und aussagekräftig ist hier der **ET 6–6** oder das **DESK 3–6** (Dortmunder Entwicklungsscreening für den Kindergarten).

Förderstellen und Therapien

Sind grob- und/oder feinmotorische Störungen bei einem Kind diagnostiziert worden, wird in Absprache mit dem Kinderarzt eine zusätzliche individuelle Förderung notwendig sein. Im Folgenden werden einige Therapien und spezielle Ansätze vorgestellt.

Physiotherapie
Die Physiotherapie orientiert sich in der Regel an den Beschwerden und Bewegungseinschränkungen des Patienten. Sie ist eine aktive und sehr wichtige Therapie. Die manuellen Fertigkeiten des Therapeuten können gegebenenfalls durch physikalische Reize wie Wärme, Kälte, Druck oder Elektrizität ergänzt werden. Die Behandlung ist an die Möglichkeiten des Patienten angepasst und hat beispielsweise Muskelaufbau, Bewegungserweiterung oder Schmerzreduzierung zum Inhalt. Bei Kindern ist vor allem das Vertrauensverhältnis zwischen Kind und Therapeuten wichtig, da nur im kontrollierten Umgang mit Reizen ein Erfolg einsetzen kann.

1994 löste der Begriff Physiotherapie den Begriff Krankengymnastik bei der Novellierung der Berufsgesetze ab.

Ergotherapie
Die Ergotherapie unterstützt und fördert die Kinder, die in ihren alltäglichen Fähigkeiten behindert oder von einer Behinderung bedroht sind. Im Bereich der Grobmotorik stehen gezielte Übungen zu Kraft und Ausdauer sowie zur Gleichgewichtsregulation und Bewegungsplanung im Vordergrund. Im Bereich der Feinmotorik stehen Aufgaben mit feinmotorischen Aspekten, Geschicklichkeits- und handwerkliche Übungen auf dem Förderprogramm.

Psychomotorik
Die Psychomotorik wurde in den 50er Jahren von Ernst Kiphard begründet. Sie betont den Zusammenhang des psychischen Erlebens und der Entwicklung von Motorik und Wahrnehmung. Die Wahrnehmung des eigenen Körpers durch spielerisches Verhalten ist ein Hauptelement dieses Therapieansatzes. Es werden Bewegungserlebnisse vermittelt, die über das Spiel zu neuen Körpererfahrungen führen.

Krankengymnastik nach Bobath
Gründer dieses Konzepts waren Berta und Karl Bobath. Die Grundidee beruht auf der Fähigkeit des „Umorganisierens des Gehirns". Das heißt, dass gesunde Hirnregionen die Aufgaben neu lernen und übernehmen, die eine erkrankte Hirnregion nicht mehr ausführen kann. Das Konzept beinhaltet keine vorgeschriebenen Techniken und Übungen, sondern orientiert sich am jeweiligen Krankheitsbild des Patienten. Während der Behandlung erlebt der Patient einzelne Bewegungsabläufe, zum Beispiel das Krabbeln, wiederholt am eigenen Leib, indem der Therapeut diese Bewegungen an ihm ausführt.

Krankengymnastik nach Vojta
Diese Therapie wurde in den 60er Jahren von dem Neuropädiater und Neurologen Prof. Dr. Vaclav Vojta entwickelt.
  Durch das Auslösen von Bewegungsreflexen unter Einbeziehen vorgegebener Reizpunkte und Ausgangsstellungen wird ein Bewegungsmuster angelegt, das normalerweise in der Entwicklung von selbst auftreten würde. Sie wird schon bei Säuglingen angewandt, stellt aber für Eltern und Kinder eine große Belastung dar, da die Kinder oft mit Weinen und Schreien reagieren. Die Anwendungen müssen zwei bis viermal täglich erfolgen und nach genau festgelegten Regeln durchgeführt werden.

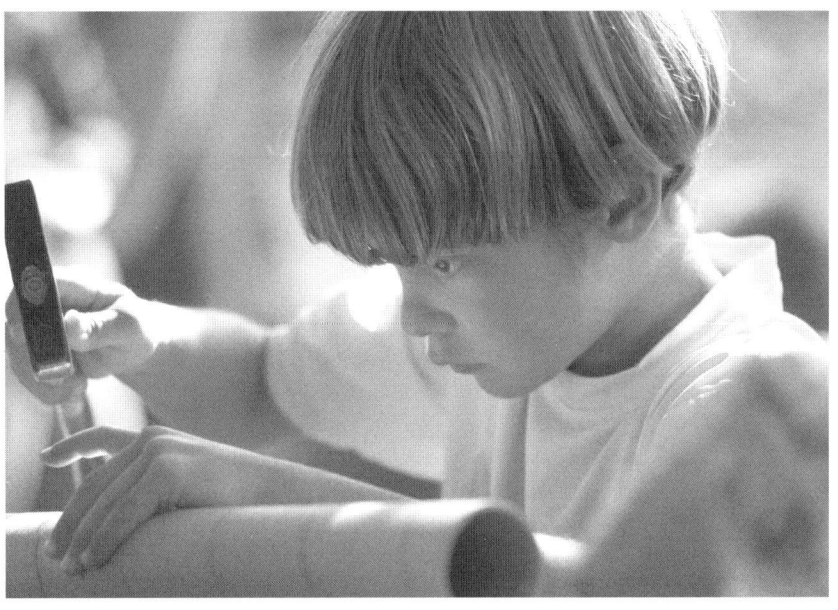

Es ist nicht genug zu wissen, man muss auch anwenden;
es ist nicht genug zu wollen, man muss auch tun.

Johann Wolfgang von Goethe

Wie man die Motorik fördern kann

Praktische Angebote

Die nun folgenden sechs Fördereinheiten beginnen jeweils mit einer Geschichte, die als Einstieg in das Thema gedacht ist und die Kinder zum weiteren Mittun motiviert. Alle Angebote stellen Anregungen dar und können durch eigene Ideen ergänzt werden. Zu beachten sind dabei immer die Entwicklung des betroffenen Kindes und eventuelle Testergebnisse. So müssen Schwierigkeitsgrad und Reihenfolge der Praxiseinheiten individuell an die möglichen Leistungen des Kindes angeglichen werden. Durch die unterschiedlichen Themeninhalte können die Kinder spielerisch und mit viel Freude grob- und feinmotorische Förderung erfahren.

Fußballfieber

Geschichte: Jans großer Tag

Jan ist fünf Jahre alt und liebt Fußball. Er spielt bei den Minikickern im Verein und auch im Kindergarten sieht man ihn auf dem Spielplatz nur mit einem Fußball. Natürlich hat er ein Trikot von seinem Lieblingsspieler in der Bundesliga und auch eines von der Nationalmannschaft. In seinem Zimmer hängen Fußballposter und Flaggen an der Wand, und sogar zwei Pokale stehen auf dem Schrank. Die hat er mit seiner Mannschaft in der letzten Saison gewonnen. In dieser Mannschaft ist Jan der Stürmer und er schießt in jedem Spiel mindestens ein Tor.

Auch Jans Vater ist ein großer Fußballfan, und manchmal fahren die beiden am Wochenende in die Großstadt zum Bundesligaspiel ihrer Lieblingsmannschaft. Auch am vorletzten Samstag waren sie dort, *denn nach dem Spiel sollte es ein Stadionfest geben. 2:1 hatte ihre Mannschaft gewonnen und alle waren guter Laune. Auf dem Rasen neben dem Stadion waren eine Torwand, eine Hüpfburg und viele andere Attraktionen aufgebaut. Auch eine Bühne gab es, auf der sich nach dem Spiel die ganze Bundesligamannschaft versammelte und Autogramme schrieb.*

Jan und sein Vater gingen hinüber zum Torwandschießen. Jan war mit seinen fünf Jahren der Jüngste, der dort mitmachen wollte, und eigentlich meinten alle, er wäre dazu noch viel zu klein. Er aber stellte sich am Schusspunkt auf und kickte den Ball zweimal unten und einmal oben in die Öffnungen. Alle gratulierten ihm und klatschten. Jan war ganz glücklich.

Und dann kam der Höhepunkt. Mit seinen drei Treffern hatte er von allen jungen Schützen das beste Ergebnis und den Hauptpreis gewonnen: einen Besuch mit Trainingseinheit vom besten Stürmer der Mannschaft in seinem Kindergarten! Jan wusste vor lauter Freude nicht, was

er sagen sollte. Sein Papa musste die Adresse des Kindergartens aufschreiben und den Termin notieren.

Als Jan am Montag im Kindergarten von seinem Supergewinn erzählte, waren alle Kinder und Erzieherinnen genauso begeistert wie er selbst. Die Vorbereitungen für das große Ereignis starteten sofort. Fahnen und Plakate wurden gemalt, der Hausmeister mähte noch einmal den Rasen, und alle Fußballer des Kindergartens putzten ihre Fußballschuhe.

Dann kam der große Tag. Mit einem Auto, auf dem Name und Wappen des Vereins prangten, fuhr der berühmte Fußballspieler vor. Alle Kinder hatten sich aufgestellt und schwenkten ihre Fahnen. Jan ging mit zittrigen Beinen auf das Auto zu und begrüßte den Spieler. Er war so aufgeregt, dass er kaum ein Wort herausbekam. Lachend führte er sein großes Vorbild auf den Spielplatz. Dort begann eine tolle Trainingsstunde für Jan und seine Freunde. So viel Spaß hatte das Fußballspielen noch nie gemacht. Nach einer Stunde waren alle ziemlich erschöpft.

Alle Kinder bekamen zum Abschluss noch Autogrammkarten, und für Jan gab es noch eine Extraüberraschung: ein Vereinstrikot mit seinem eigenen Namen und den Unterschriften aller Spieler darauf. Jan strahlte und zog es natürlich sofort an. Anschließend begleiteten alle kleinen Fußballer den großen Fußballer zu seinem Auto zurück, und Jan versprach, bald wieder mit seinem Papa ins Stadion zu kommen. Dann winkten sie, bis das Auto um die Kurve verschwunden war.

An diesem Abend ging Jan mit dem neuen Trikot ins Bett und er träumte davon, auch ein großer Fußballstar zu werden.

Trainingseinheit

Auch wenn bei diesem Angebot grobmotorische Bewegungsabläufe, verschiedene Koordinationen mit und ohne Ball geübt werden, ist das für die Kinder Nebensache. Denn für kleine Kicker wie Jan gibt es nichts Schöneres als Fußballspielen. Wichtig: Trinkpausen nicht vergessen!

Material: Fußbälle, zwei Tore oder zwei Pfeiler in Torabstand in der Erde befestigen, Trillerpfeife, mehrere Leibchen, mehrere Hütchen, Sägemehl zur Markierung des Spielfelds, je eine gelbe und rote Karte

Durchführung: Wie bei den Profis wird sich zunächst aufgewärmt. Mit einer leichten Laufeinheit beginnt das Fußballtraining.

- Die Kinder sollen mehrere Male um das Spielfeld joggen und dabei verschiedene koordinative Laufübungen machen (z. B. Sidesteps, Hopserlauf, Arm kreisen, vorwärts / rückwärts, Kniehebelauf usw.).

- Dann folgen ein paar Dehnübungen für die Oberschenkel- und Wadenmuskulatur, z. B. im Grätschstand den Ball wie eine Acht um die Beine kreisen.

- In Form eines Staffellaufs soll Schnelligkeit trainiert werden. Die Kinder werden in Teams aufgeteilt, rennen eine markierte Strecke entlang und schlagen sich dann gegenseitig per Handschlag ab.

- Jedes Kind bekommt einen Ball und probiert ohne Vorgabe aus, was es schon kann (Vorschläge: den Ball mit beiden Füßen abwechselnd in der Luft jonglieren, Ball mit der Innen- und Außenseite des Fußes dribbeln).

- Danach werden die Kinder in Dreier- oder Vierergruppen eingeteilt. Sie stehen sich im Dreieck oder Viereck gegenüber und haben die Aufgabe, den Ball zu einem Spieler zu passen. Dieser stoppt den Ball und spielt ihn zum nächsten Kind weiter. Eine Variation wäre, mit dem Ball zum nächsten Kind zu dribbeln und den Ball zu übergeben. Dieses Kind dribbelt zum nächsten Spieler.

- Mit einigen Hütchen wird eine Slalomstrecke aufgebaut. Zunächst sollen die Kinder den Parcours locker durchlaufen. Danach wird mit dem Ball durch den Slalom gedribbelt. Bei dieser Übung wird die Ballführung geschult. Bitte auf genug Abstand zwischen den einzelnen Spielern achten.

- Nun ist Torschusstraining angesagt. Der Ball wird auf einen markierten Punkt gelegt. Dort soll er nach einem Anlauf ins Tor geschossen werden. Diese Übung ist sehr beliebt bei den Kindern, da ein erzieltes Tor als positives Erlebnis erfahren wird. Als Variation können vor dem Torschuß ein bis zwei Pässe gespielt werden. Wer gut schießen kann, kann auch den schwächeren Fuß einsetzen.

Genug trainiert, jetzt wird gespielt:

- Zwei Mannschaften werden gewählt, die gleich stark sein sollten. Innerhalb der Teams wird der Torwart ernannt (kann auch innerhalb des Spiels gewechselt werden). Eine Mannschaft zieht sich als Erkennungsmerkmal Leibchen über. In einem Spiel kann es zu hitzigen Gefechten kommen. Deswegen bedarf es eines fairen erwachsenen Schiedsrichters. Ob dieser die gelbe oder rote Karte einsetzen möchte, sollte zuvor geklärt werden.

- Mit dem Anpfiff beginnt die erste Spielhälfte. Sie dauert 10 Minuten. In der Halbzeit sollte den Kickern unbedingt etwas zu trinken angeboten werden, bevor die zweite Hälfte angepfiffen wird.

- Nach dem Spiel ist das Training fast zu Ende. Gemeinsam werden Bälle, Leibchen und Hütchen aufgeräumt.

Beim nächsten Mal heißt es dann wieder: „Übung macht den Meister" und „Neues Spiel, neues Glück. TOR! TOR! TOR!"

Tischset anfertigen

Dieses Tischset ist schnell gemacht und der Fußballfan kann es lange benutzen.

Material: Zeitschriften oder Papier mit Fußballmotiven, Schere, Laminiergerät und Zubehör (z. B. Laminierfolie) für Größe DIN-A-3

Durchführung: Viele verschiedene Fußballmotive ausschneiden. Zwischen den beiden Folienseiten nach Wunsch anordnen und durch das Laminiergerät schieben. Falls sie in der Einrichtung nicht über ein Laminiergerät verfügen, ist das Laminieren auch in Geschäften mit Bürobedarf möglich.

Fußball-Memory herstellen

Material: Kopiervorlage, Kopierer, weißes Kopierpapier, Pappe, Schere, Buntstifte, Kleber, selbstklebende Buchfolie

Durchführung: Kopiervorlage wie gewünscht vergrößern und doppelt kopieren. Die Bildpaare jeweils mit denselben Farben ausmalen lassen und dabei auf gleiches Aussehen achten (Hinweis: Die Eck-

fahne ist gelb oder rot oder rot-gelb kariert). Alles auf Pappe kleben, die Karten ausschneiden und mit Folie beziehen. Für die älteren Kindergartenkinder ist es interessant, Buchstaben zu sehen, zu erkennen und die Länge des Wortes zu registrieren.

Meisterschale basteln

Nach einer guten „Saison" wird dem Spitzenteam die Meisterschale überreicht.

Material: großer Pappteller, Kleber, Schere, Sternchenpapier in Silber, weißes Papier, schwarzer Filzstift, Material zum „Veredeln" wie Perlen oder Klebepailletten, Bleistift, evtl. Lack- oder Markierstift

Durchführung: Sternchenpapier in kleine Stücke schneiden und den Pappteller auf der Vorder- und Rückseite damit bekleben. Aus dem weißen Papier sechs Kreise (ca. 5 cm) schneiden, mit dem schwarzen Filzstift als Fußball bemalen und auf dem Rand des Tellers verteilt aufkleben. Zum Schluss die Meisterschale „veredeln" und evtl. einen Namen oder eine Jahreszahl darauf schreiben.

Fußballfahne gestalten

Zu jeder Mannschaft oder jedem Verein gehören auch ein Name und ein Wappen. Dieses Angebot steht ganz im „Zeichen" der feinmotorischen und kreativen Förderung. Die Kleingruppe sollte aber nicht aus mehr als vier bis sechs Kindern bestehen.

Material: großes weißes Leinentuch, Stoffmalfarben, Pinsel, Zeitungen oder alte Wachstuchdecken, Papier, Buntstifte, Besenstiel oder langer Stock, Nadel und Garn, Schere

Durchführung: Sollte noch kein Wappen oder Mannschaftsname bestehen, muss zunächst überlegt werden, wie die Mannschaft heißen will und welches Symbol bzw. Farbe für sie stehen soll. Als Anregung kann man Bilder von professionellen und heimischen Fußballclubs und deren Fahnen präsentieren. Als Anschauungsmaterial wird gemeinsam eine Skizze auf Papier angefertigt.

Alte Zeitungen oder Wachstuchdecken werden als Unterlage ausgelegt, das Leinentuch sowie Stoffmalfarben und Pinsel bereitgestellt. Die Kinder einigen sich, wer welchen Teil der Fahne bemalt und wer beginnt, damit sie sich beim Gestalten nicht gegenseitig behindern.

Nachdem die Fahne getrocknet ist, wird an der Seite ein Tunnel in der Breite des Besenstiels oder Stocks gesäumt. Dieser wird durch den Tunnel gezogen. Fertig ist die Fahne, die dann euphorisch und lautstark geschwenkt werden muss, um die Mannschaft meisterlich zu unterstützen.

Rezept: Energieriegel

Wer als Fußballspieler erfolgreich sein will, muss natürlich auch auf seine Ernährung achten. Ein Energieriegel gibt nach dem Training wieder Kraft. Bei seiner Herstellung (wie bei allen Übungen im hauswirtschaftlichen Bereich) werden feinmotorische Fähigkeiten ganz automatisch gefördert. Dieses Rezept reicht für eine ganze Mannschaft.

Rezept: 200 g grobe Haferflocken, 70 g Buchweizenmehl, 20 g Leinsamen, 25 g Sonnenblumenkerne, 20 g Kürbiskerne. 20 g Leinsamen und 50 g gehackte Mandeln miteinander vermischen, 2–3 Bananen mit der Gabel zerdrücken. 500 g Äpfel schälen, vom Kerngehäuse befreien, grob auf der Reibe raspeln und mit etwas Zitronensaft beträufeln. 150 g gemischtes Trockenobst (z. B. Rosinen, Aprikosen, Pflaumen) klein schneiden und mit 30 g Honig vermengen. Alle Zutaten zu einem Teig vermischen und mit etwas Zimt abschmecken.

Ein Backblech mit Rapsöl dünn bestreichen oder mit Backpapier auslegen. Den Teig gleichmäßig darauf verteilen und im Backofen bei 180°C auf der mittleren Schiene 40–45 Minuten backen. Anschließend einzelne Riegel schneiden oder in kleine Stücke brechen. Zum Aufbewahren in eine Dose geben oder in Alufolie einwickeln.

Weitere Anregungen zum Thema

Schuhe putzen
Eine gute feinmotorische Übung ist das Putzen der Fußball- oder Sportschuhe.

Transparent
Auf einen großen Bogen Papier wird der Mannschafts-Spruch geschrieben und von den Kindern bunt ausgestaltet.

Karten
Aus Tonkarton können Eintrittskarten für ein Fußballspiel hergestellt werden, welchen ein Datum und einen Veranstalter aufgestempelt werden kann. Für Autogrammkarten wird ein Foto des Kindes auf weiße Pappe in Postkartengröße geklebt und mit Unterschrift versehen. So kann auch ein Spielerpass gestaltet werden. Dabei dann die Pappe doppelt so groß wählen, einmal falten und im Innenteil die „Daten" des Spielers aufnehmen und abstempeln.

Trikots bemalen
Mit Stoffmalfarben werden T-Shirts z. B. mit Mannschaftswappen, Namen und Rückennummer gestaltet.

Cheerleaderzubehör
„Puschel" kann man aus Krepppapierbändern oder Müllsäcken stabil anfertigen.

Für Röcke schneiden Sie eine Bahn aus Tüll zu und ziehen oben ein Band durch.

Hexenzauber

Geschichte: Vier kleine Hexenschwestern

Im tiefsten Wald auf dieser Welt leben die Schwestern Rosa, Rosina, Rosella und Rosalie. Sie sind vier ganz besondere Mädchen und sehen irgendwie so ganz anders aus als normale Mädchen. Kein Wunder, sie gehören zu den Wäldchenhexen, und von denen gibt es nur noch ganz wenige auf unserer Erde.

Aber im Moment herrscht dicke Luft auf der kleinen Waldlichtung vor dem Häuschen der vier Hexendamen. Die Mädchen knien an einem kleinen See, der am Rande der Wiese liegt, und schauen bitterböse ins Wasser. Was ist nur los?

„Ihr wolltet unbedingt neue Frisuren haben! Jetzt hab ich euch schön gemacht, was wollt ihr denn noch?", ruft Rosa empört. Rosa ist *die Älteste von allen. Sie hat lockiges grünes langes Haar, in dem sich mehrere Marienkäfer tummeln.*

„Guck mal, wie ich aussehe, schmuddelig und eklig", schimpft Rosina und zeigt auf ihr Spiegelbild im Wasser des Sees. Ihre orangenen Haare sind im Zickzack abgeschnitten worden und nur noch schulterlang. Zuvor fielen ihre Haare bis in die Kniekehlen hinab. Moos ist in ihre Haare geknotet und sie sieht ganz schön wild damit aus.

Auch Rosella ist wütend: „Hässlich, grässlich bin ich. Was hast du dir dabei gedacht, mich so zuzurichten?" Auch ihre Frisur ist sehr außergewöhnlich. Ihre Haare sind blau und stehen in alle Himmelsrichtungen vom Kopf ab. Wie bei einem Igel, nur viel länger. Froschlaich klebt dazwischen, damit das Haarwerk auch wirklich hält. Rosalie sitzt neben ihr, auch sie sieht ziemlich sauer aus. „Grauenhaft, schauderhaft sehen meine Haare aus!" Und sie fängt sogar an zu weinen. Rosalies lila Haar war zuvor ganz kurz. Jetzt sind die orangenen und blauen Haarreste von Rosina und Rosella durch Grashalme an ihre Haare gebunden und ihr Haar fühlt sich lang und schwer an. Ein altes Vogelnest ist etwas schief auf ihrem Kopf drapiert.

Jetzt meckern und motzen sie alle lautstark durcheinander. Rosa reicht es, sie ist außer sich vor Zorn: „Wer wollte neue Frisuren? Wer wollte, dass ich meine neuen Hexensprüche an euch ausprobiere? Wer wollte mal ganz anders aussehen und nicht mehr so langweilig wie bisher und wer hat mich angebettelt zu helfen? Hä? IHR! Nur IHR! Was kann ich dafür, wenn ihr euch nicht gefallt. Ich finde euch schön und ich wollte euch nie eklig, grässlich oder schauderhaft zurichten." Rosa dreht sich böse um und verschwindet ohne ein weiteres Wort im Wald.

Nachdem Rosa gegangen ist, herrscht langes Schweigen auf der Waldlichtung. Rosina ist auf einen Baum geklettert und schaut traurig in den Himmel. Rosella sitzt auf einem Baumstamm und wirft nachdenklich Steine ins Wasser. Rosalie hat aufgehört zu weinen. Stumm sitzt sie auf der Wiese und zupft Gras aus der Erde, ohne zu wissen warum. So vergeht der Nachmittag. Jeder von den Dreien weiß, wie schwer das Hexenlernen ist und es tut ihnen leid, Rosa so beschimpft zu haben.

Ihre große Schwester ist noch nicht lange in der Hexenschule. Man darf erst mit 101 Jahren dort eintreten und die erste Hexenprüfung steht in ein paar Tagen an. Rosa lernt sehr viel dafür. Immer wieder zaubert sie und übt die Hexensprüche.

Vieles kann sie schon. Neulich hat sie Regenwürmer mit Blütenstaub zum Abendessen gehext. Das ist die Leibspeise der Schwestern. Hunger und Freude darüber waren groß, und zum Nachtisch gab es dann noch Kieselsteine mit Honig. Und dann hat Rosa das Hexenhausdach wieder ganz gehext, das gefährliche Wildschwein in eine Katze verwandelt, und als es vor zwei Wochen so kalt war, ein warmes Feuer gezaubert, denn Rosina, Rosella und Rosalie hatten keine Lust gehabt, Feuerholz zu suchen. Aber mit einem Zauberstab ginge vieles leichter, doch Rosas ist vor Kurzem ins Feuer gefallen und verbrannt.

Manchmal geht auch was schief bei den Hexensprüchen. Bei Rosina fehlte erst neulich der linke Daumen und Rosalies feuchtes Kleid wurde nass anstatt trocken. Das passiert, ist ja auch nicht weiter schlimm. Irgendwie hat Rosa das nach langem Üben wieder hinbekommen.

Als es zu dämmern beginnt, ist Rosa noch nicht zurück. Rosina, Rosella und Rosalie sitzen gemeinsam vor dem Hexenhäuschen. Sie überlegen, wie sie sich bei Rosa entschuldigen und ihr eine Freude machen können. Aber ihnen will einfach nichts einfallen. Oder etwa doch? Mittlerweile finden sie ihre Frisuren auch schon gar nicht mehr so schmuddelig, hässlich und grauenhaft. Rosella beneidet Rosalie schon ein bisschen um ihre dreifarbigen Haare. Rosalie schnuppert sehr gerne an Rosinas frischem Moos im Haar. Der Froschlaich in Rosellas Haar glänzt in der langsam untergehenden Abendsonne und Rosina findet das sehr schön.

Es ist dunkel geworden. Rosa ist immer noch nicht da, und die Hexenmädchen machen sich schon ein bisschen Sorgen. Hoffentlich ist Rosa nichts passiert.

Nachdem wieder einige Zeit vergangen ist, beschließen sie, sich auf die Suche nach der großen Schwester zu machen. Mitten durch den dunklen Wald laufen sie und haben eigentlich keine Ahnung, wo sie nach Rosa suchen sollen. Der Mond scheint durch die dichten Bäume und spendet ihnen nur wenig Licht, aber nirgendwo können sie Rosa entdecken. „Rosa!" „Rosa, wo bist du?" Immer wieder rufen sie ihren Namen, doch die Mädchen bekommen keine Antwort. Sie suchen und suchen und stolpern die ganze Nacht kreuz und quer durch den Wald. Keine Spur von Rosa. Langsam dämmert es, der Tag bricht an und erschöpft lassen sich die drei kleinen Hexen auf einen am Boden liegenden Baumstamm fallen. Könnten sie doch bloß schon hexen, dann wäre es sicher nicht schwer, Rosa zu finden.

Plötzlich hören sie aus der Richtung der alten Eiche ein lautes

Schnarchen. Rosalie geht näher und ruft auf einmal: „Kommt schnell, ich hab Rosa gefunden!"

Tatsächlich: Unter der alten Eiche im Schatten liegt Rosa im Moos und schläft tief und fest. Die Hexenkinder knien neben ihr: „Rosa, wach auf! Rosa, wir sind es! Rosa, aufstehen!" Doch die große Schwester ist einfach nicht wachzukriegen und schnarcht friedlich weiter. Rosella hat eine Idee: „Wir brauchen einen Hexenspruch!" Aber ohne Hexenbuch? Sie denken gemeinsam nach und murmeln Wörter vor sich hin:

„Liebe Rosa,
hier stehen Rosina, Rosella und Rosalie.
Dich zu beschimpfen tut uns leid wie nie.
Wach bitte auf, komm mit uns zurück.
Das wäre für uns das größte Glück.
RO-SI, RO-SE, RO-SA!"

Und auf einmal schlägt Rosa die Augen auf und lächelt ihre Schwestern an. „Ich muss eingeschlafen sein", gähnt sie und reibt sich die Augen. Rosina, Rosella und Rosalie sind überglücklich und umarmen die Schwester fest. Dann reden sie durcheinander, entschuldigen sich, freuen sich, dass sie wieder zusammen sind, und treten den Heimweg an. Rosa ist nicht mehr wütend auf ihre Schwestern. Sie ist froh, dass sie sich versöhnt haben und auch ein bisschen stolz, dass sie solch einen schweren Hexenspruch erfunden haben.

Zu Hause angekommen bereiten Rosina, Rosella und Rosali ihrer großen Schwester noch eine Überraschung. Sie haben einen Zauberstab für Rosa gemacht mit vielen weißen Steinchen aus dem Bach, die Rosa besonders gerne mag. Den Griff haben sie mit Löwenzahnblättern umbunden und darauf sitzen vier kleine Marienkäfer.

Rosa freut sich und lacht: „Na, wenn das kein Glück bringt! Aber jetzt hab ich noch einen Wunsch. Heute möchte ICH eine neue Frisur, von Euch Dreien!!!"

Hexenwald im Schuhkarton darstellen

Das Waldmodell von Rosa, Rosina, Rosella und Rosalie lädt zum gemeinsamen Rollenspiel ein. Zudem wird beim Bau und beim Bespielen mit kleinen Figuren die Feinmotorik gefördert. Auf einem Spaziergang, aber auch im eigenen Garten oder auf dem Kindergartengelände, finden sich viele Sachen, um einen Schuhkarton in einen „bespielbaren Miniwald" zu verwandeln.

Material: Ein großer Schuhkarton (von Stiefeln) ohne Deckel, Malfarbe, Pinsel, Moos, kleine Blätter, einige Steine, kleine Zweige von Nadel- und Laubbäumen, evtl. Herbstfrüchte (wie Eicheln, Kastanien, Hagebutten, Bucheckern, Zapfen), Steckschaum, Küchenmesser, Schere, Heißklebepistole, vier kleine Spielfiguren (z. B. vom „Mensch-ärgere-dich-nicht" Spiel), wasserfeste Stifte

Durchführung: Von dem Schuhkarton eine lange Seite abschneiden, sodass er vorne offen und bespielbar ist. Den Karton von innen wie in der Geschichte beschrieben „landschaftlich" bemalen. Trocknen lassen. Moos einige Stunden zum Trocknen ausbreiten. Anschließend den Karton waldgemäß ausstatten. Aus dem Steckschaum Würfel schneiden (ca. 2 cm hoch) und mit Heißkleber auf dem Schachtelboden festkleben. Hierein jetzt kleine Äste und Zweige als Bäume stecken. Nun den Untergrund mit Moos und kleinen Blättern bedecken. Mit den Herbstfrüchten den Wald ausgestalten. Den Spielfiguren ein Gesicht malen. Nun kann das Hexenspiel beginnen.

Hinweise: Wichtig ist, dass die Bäume fest aufgeklebt sind, damit sie beim Spiel nicht umfallen oder verrutschen, da das den Spielfluss sehr stört. Faulige Herbstfrüchte immer entfernen und ersetzen.

Tipp: Dieses Angebot kann auch zum Thema „Terry vom Planeten Aquaterra" aufgenommen werden.

Hexenschuhe gestalten

Mit viel Fantasie sollen die Kinder alte Schuhe von Erwachsenen gestalten. Dabei können sie verschiedene Materialien verwenden und spielerisch durch Malen, Schneiden und Kleben feinmotorisch gefördert werden. Durch das Bewegen in den fertigen Schuhen werden Gleichgewicht und Grobmotorik geschult.

Material: alte Schuhe von Erwachsenen (am besten Damenschuhe mit Absatz), Abtönfarbe, Perlen, Federn, Wolle, Geschenkband, Stifte, Klebstoff, Schere, Pinsel, Sprühlack

Durchführung: Jedes Kind erhält ein Paar Schuhe mit der Aufgabe, diese fantasievoll zu bemalen und zu bekleben. In der Mitte des Tisches stehen die verschiedenen Materialien, mit denen die Kinder arbeiten können.
Beispiel eines Hexenschuhs: Der Schuh wird mit Abtönfarbe bemalt. Nach dem Trocknen werden Perlen auf den Absatz geklebt. Die Schuhspitze wird mit Federn geschmückt und die Schnalle bekommt eine Schleife aus Geschenkband.
Anschließend können die Materialien an den Schuhen mit Klarlack übersprüht werden.
 Vor allem Mädchen lieben das Gehen in zu großen Absatzschuhen. Anregungen für Tanzspiele oder Tänze nehmen Kinder sehr gerne auf. Stellen Sie Musik zur Verfügung.

Zauberstab basteln

Magische Kräfte können natürlich nur mithilfe eines Zauberstabs angewandt werden!

Material: Rundholz (ca. 1 cm Durchmesser und 30 cm Länge), schwarze Fingerfarbe, Sprühlack, Streuglitzer, Pinsel, kleines Schälchen, breites Glas o. ä., Einmalhandschuhe

Durchführung: Rundholz mit schwarzer Farbe bemalen und trocknen lassen. Danach ein Ende des Stabs (ca. 8 cm) mit Sprühlack besprühen und mit Glitzer bestreuen. Nach dem Trocknen den ganzen Stab noch einmal mit Sprühlack überziehen. Für die Trockenphasen den Stab im Glas abstellen.

Dazu gehört natürlich auch ein richtiger Zauberspruch:
Hokus, Pokus, Hexenbrei,
langsam kreisen, eins, zwei, drei.
Krötenschleim und Hexenkamm,
der Zauberstab zeigt, was er kann!
Hui, hui!

Hexenkessel anfertigen

Um Zaubertränke oder Hexengebräu herstellen zu können, brauchen die Hexenschwestern natürlich auch einen Hexenkessel. An der Herstellung können zwei bis drei Kinder gemeinsam arbeiten.

Material: ein sehr großer Luftballon, Kleister, Zeitungspapier, Gold- oder Silberpapier und / oder Sternchenfolie, Schere, Lochzange, drei Pfeifenputzer (gold oder schwarz), goldenen oder silbernen Tonkarton, Tacker

Durchführung: Kleister nach Packungsangabe anrühren. Zeitungs- und Goldpapier in kleinere Schnipsel reißen. Luftballon aufblasen und mit drei bis vier Lagen Zeitung und Kleister bekleben. Zum Schluss komplett mit Gold- oder Silberpapier bedecken und gut trocknen lassen. Dann das obere Drittel des „Ballons" gerade abschneiden und aus dem unteren Teil den Luftballon entfernen. Mit der Lochzange an zwei gegenüberliegenden Seiten jeweils zwei Löcher im Abstand von ca. acht Zentimetern stanzen. Aus zwei Pfeifenputzern Griffe formen, durch die Löcher ziehen und festtackern.

Für den Deckel aus dem Tonkarton einen Kreis ausschneiden, der ca. vier Zentimeter größer ist als die Kesselöffnung. Mit der Schere in der Mitte zwei Löcher stechen und den dritten Pfeifenputzer als Griff anbringen.

Damit der Kessel stehen kann, vom Tonkarton einen ca. zehn Zentimeter breiten Streifen abschneiden, zu einem passenden Ring zusammenlegen und festheften.

Rezept: Hexengebräu
Für dieses Getränk müssen sehr viele Früchte geschnitten werden. Eine gute, feinmotorische Übung.

Zutaten (für ca. 12 Gläser): 2 Orangen und 2 Zitronen mit jeweils unbehandelter Schale, 2 mittelgroße Äpfel, 2 Nektarinen oder Pfirsiche, 2 Bananen, 3 Kiwis, 1,5 l roter Traubensaft, 1 l kohlensäurehaltiges Mineralwasser.

Durchführung: Orangen und Zitronen waschen, halbieren und in Scheiben schneiden. Nektarinen und Äpfel waschen, entkernen und in mundgerechte Stücke schneiden. Bananen und Kiwis schälen, Kiwis halbieren und das Fruchtfleisch jeweils in Scheiben schneiden.

Alle Früchte in ein großes Bowle-Gefäß geben und mit Traubensaft und Mineralwasser auffüllen. An einem kühlen Ort ca. zwei Stunden ziehen lassen.

Hexenspiele

Diese Spiele können gut in einer Kleingruppe bis zu acht Kindern durchgeführt werden. Spielerisch werden grobmotorische Bewegungsabläufe, Geschick und Teamfähigkeit gefördert.

Hexenschuhspiel
Material: Hexenschuhe für jedes Kind (auch Hausschuhe können durch Schleifen o. ä. gestaltet werden), Stühle nach Anzahl der Kinder

Durchführung: Jedes Kind hat seine Hexenschuhe mitgebracht. Die Erzieherin versteckt in Abwesenheit der Kinder jeden einzelnen Schuh an unterschiedlichen Stellen im Raum. Auf ein Signal, z. B. „Hex, hex!" geht die Suche nach den eigenen Hexenschuhen los. Entdecken die Kinder ihren ersten Schuh, muss dieser gleich zum eigenen Stuhl gebracht werden, bevor die Suche nach dem zweiten fortgesetzt wird. Stoßen die Kinder auf Hexenschuhe von anderen Kindern, darf das Versteck nicht verraten werden. Hat ein Kind als Erstes seine beiden Schuhe gefunden und richtig angezogen, stellt es sich auf seinen Stuhl und ruft: „Hex, hex!"

Hexenfeuer
Material: gelbe und rote Tücher (z. B. aus Chiffon), Zauberstäbe, Besen und Hüte (nach der Anzahl der Kinder), CD-Spieler, CD

Durchführung: In der Mitte des Raums liegen mehrere gelbe und rote Tücher geknüllt auf einem Haufen. Jedes Kind lehnt seinen Zauberstab an die Tücher, sodass es wie ein Lagerfeuer aussieht. Zu Musik kann nun ganz wild um das Hexenfeuer getanzt werden, am besten verkleidet mit Hexenschuhen, Hexenhüten und Hexenbesen.

Tipp: Nicht jede Kindertagesstätte hat so viele Besen zur Hand wie in den Spielen benötigt werden. Bitten Sie die Kinder einen Tag vorher, einen Besen von zu Hause mitzubringen.

Hexenhut und Hexenbesen

Material: Zeitungen, vier Besen, acht Stühle, zwei Reifen

Durchführung: Jedes Kind bekommt einen gefalteten Hut aus Zeitungspapier und setzt ihn sich auf. Die Kinder werden in zwei gleich große Mannschaften geteilt, die sich in einer Reihe hintereinander aufstellen. Vor jedem Team werden die Besen zwischen zwei Stühle gelegt, damit mehrere Hürden hintereinander entstehen. Nach der letzten Besenhürde werden zwei Reifen auf den Boden gelegt. Auf ein Zeichen versuchen die ersten Spieler der zwei Mannschaften so schnell wie möglich über die Besen zu steigen, um den Reifen zu laufen und auf dem Rückweg noch einmal die Besen zu überwinden. Dabei darf der Hexenhut nicht verloren werden, sonst muss noch mal von vorne begonnen werden. Sobald das erste Kind des Teams den zweiten Spieler abgeklatscht hat, ist dieser dran. Das wiederholt sich, bis alle an der Reihe waren.

Variante: Die Besen können auch höher angebracht werden und die Kinder müssen unter den Besen durchkriechen.

Hexenzauber
Material: Umhang (z. B. Decke), Hut (z. B. aus Zeitung), Zauberstab

Durchführung: Die Kinder sitzen im Kreis. Ein Kind steht in der Mitte, mit Umhang und Hut bekleidet und einem Zauberstab in der Hand. Es hat die Aufgabe, die anderen Kinder zu verhexen. „Abrakadabra Fidibus, Zahnstein und Hühnerbein, ihr sollt (z. B.) Schweinchen sein." Die Kinder müssen geräuschvoll ein Schwein nachahmen, bis der Zauber wieder verfliegt. „Abrakadabra Fidibus, Zahnstein und Hühnerbein, ihr sollt wieder ganz normale Kinder sein." Möglich ist auch, dass mehrere Kinder sich zusammentun, um den gewünschten Hexenspruch zu erfüllen, z. B. ein Haus darstellen. Die Zaubersprüche dürfen nicht zu anspruchsvoll sein, da bedarf es dann der pädagogischen Hilfestellung.

Weitere Anregungen zum Thema

Hexenbesen gestalten
Material: gelbe und rote Tücher (z. B. aus Chiffon), Zauberstäbe, Besen und Hüte (nach der Anzahl der Kinder), CD-Spieler, CD

Durchführung: In der Mitte des Raums liegen mehrere gelbe und rote Tücher geknüllt auf einem Haufen. Jedes

Kind lehnt seinen Zauberstab an die Tücher, sodass es aussieht wie ein Lagerfeuer. Zu Musik kann nun ganz wild um das Hexenfeuer getanzt werden, am besten verkleidet mit Hexenschuhen, Hexenhüten und Hexenbesen.

Tipp: Bitten Sie die Kinder einen Tag vorher, einen Besen von zu Hause mitzubringen.
Die Besen können mit Abtönfarbe oder Fingerfarbe angemalt werden und mit Perlen, Glitzerfarbe, Wolle oder anderen Materialen verziert werden.

Hexenhaus
Ein großer Karton wird zum Hexenhaus. Fenster und Türen werden ausgeschnitten und das Haus bunt angemalt.

Hexentanz
Eine kurze und leichte Choreografie kann zu wilder Hexenmusik eingeübt werden.

Hexenstuhl
Einen alten Holzstuhl abschmirgeln, neu streichen und mit vielen Wackelaugen bekleben oder mit Hexenzeichen bemalen.

Kräuterkissen
Ein großes Stofftaschentuch oder ein Stück umsäumten Baumwollstoff z. B. mit Lavendelblüten füllen, mit Stickgarn und spitzer Sticknadel zunähen.

Zaubersprüche
Gemeinsam mit den Kindern werden verschiedene Zaubersprüche erfunden, möglicherweise für jede Hexe einen eigenen. Diese werden

auf ein Plakat oder in ein Zauber- bzw. Hexenbuch geschrieben. Die Kinder malen Dinge dazu, die in dem Spruch enthalten sind. So können sie sich die Zaubersprüche besser merken. Das Plakat bzw. das Buch kann nach Belieben weitergestaltet werden.

Wunderbare Unterwasserwelt

Geschichte: Die kleine Qualle findet Freunde

In einem tiefen Meer, gar nicht so weit von unserem Land entfernt, wo das Wasser schön blau und ein kleines bisschen salzig ist, lebte die kleine Qualle „Medusina". Sie war immer ein wenig einsam, denn sie hatte keine Freunde.

Die anderen Meeresbewohner fanden sie alle etwas merkwürdig. Sie war, wie alle Quallen, ziemlich glibberig und sie hatte keine Flossen und keinen Schwanz wie die Fische. Vor allem der große Thunfisch ärgerte sie immer und die Muscheln und Schnecken auf dem Meeresgrund lachten sie aus, weil sie kein Haus hatte. Und auch die Kraken tuschelten über sie, weil sie ihnen zwar etwas ähnlich sah, aber nicht so viele starke Arme hatte.

Eines Tages kamen vier fremde Fische in das Unterwasserland der kleinen Qualle geschwommen. Neugierig schauten sie sich überall um.

Als sie Medusina entdeckten, fragten sie: „Wo kann man denn hier etwas erleben? Wir sind auf der Suche nach einem spannenden Abenteuer." Medusina war völlig verwirrt, denn noch nie war sie so direkt angesprochen worden. Sie stotterte: „Ja, hm, ich weiß auch nicht. Hier ist es eigentlich immer eher langweilig." „Okay, dann suchen wir weiter", sagten die vier Fische und schwammen davon. „Halt, ich komme mit", sagte Medusina leise. Doch die Fische hörten sie schon nicht mehr. Aber die kleine Qualle mochte nicht mehr alleine bleiben und ein Abenteuer wollte sie auch immer schon einmal erleben. So folgte sie heimlich den vier Fischen.

Diese bewegten sich neugierig durch das gesamte Unterwasserland. Sie versuchten, die Muscheln zu öffnen und klopften mit ihren Flossen auf die Schneckenhäuser. Sie spielten Verstecken zwischen den Unterwasserpflanzen und stupsten den Seeigel mit ihren Mäulern an. Allerdings piksten sie sich dabei an den kleinen Stacheln. Sie störten den Thunfisch in seiner Höhle beim Mittagsschlaf und lachten über die Krebse, die immer seitwärts liefen. Medusina beobachtete sie und dachte: „Wenn das nur alles gut geht. Die Vier sind wirklich sehr übermütig."

Dann trafen sie auf den großen Kraken. Der hatte es sich gerade auf dem Meeresgrund gemütlich gemacht. Die vier Fische schwammen um ihn herum und versuchten, die vielen Arme zu zählen.

Der Krake hasste es, wenn er gestört wurde, und stieß vor Ärger eine große Tintenwolke aus. Plötzlich wurde es dunkel um die Fische herum. Voller Panik schwammen sie los, sahen aber nicht mehr, wohin. So gerieten sie in die Höhle des Thunfisches und stießen dabei an einige Steine. Diese purzelten durcheinander und verschlossen den Eingang.

Medusina hatte alles aus sicherer Entfernung beobachtet und war ganz aufgeregt. Was sollte sie jetzt tun? Sie wartete, bis die Tintenwolke allmählich verschwand und schwamm um die Höhle herum. Es war keine Öffnung mehr zu sehen, aus der die vier Fische und der Thunfisch ins Freie kommen konnten. Da nahm sie ihren ganzen Mut zusammen und schwamm zum Kraken zurück.

Sie bat ihn: „Der Eingang der Thunfischhöhle ist verschüttet. Hilfst du mir, sie wieder freizuräumen?" Sie sagte ihm natürlich nicht, was der Grund für das Unglück war. Der Krake knurrte und murrte vor sich hin und schaute die kleine Qualle ärgerlich an. Medusina wurde ganz ängstlich. Doch dann antwortete der Krake mürrisch: „Na gut." Gemeinsam schwammen die beiden zu dem verschütteten Höhleneingang, und in Windeseile hatte der Krake mit seinen acht Armen den Eingang freigeräumt.

Erleichtert kamen die vier kleinen Fische herausgeschwommen. Der Thunfisch folgte ihnen und war ziemlich sauer. Die Fische wollten sich beim Kraken bedanken, aber der meinte: „Bedankt euch lieber bei der kleinen Qualle. Hätte sie das Unglück nicht gesehen, wärt ihr jetzt immer noch eingesperrt."

Erstaunt sahen alle Medusina an. Die wurde ganz verlegen. Da schwammen die vier Fische auf Medusina zu, bedankten sich und fragten sie, ob sie mit ihnen weiter durch die Unterwasserwelt streifen wollte. Natürlich wollte sie das und fragte: „Sind wir dann Freunde?" „Natürlich", riefen die Fische.

Der Thunfisch aber meinte zu Medusina und ihren neuen Freunden: „Dann zeig deinen Freunden auch, wie man sich in unserem Meer verhält. Auf Entdeckungsreise zu sein, ist ja etwas Schönes, und um Neues zu entdecken, braucht man ja auch Mut. Aber man sollte dabei darauf achten, die anderen Meeresbewohner nicht zu stören und sich nicht aus Übermut in Gefahr zu begeben."

Das versprach Medusina und auch die Fische schauten aus, als hätten sie aus ihrem Erlebnis etwas gelernt. Glücklich schwammen die fünf Freunde los, einem neuen Abenteuer entgegen.

Bewegungsspiele

Medusina und ihre neuen Freunde haben im Meer viel Zeit und Gelegenheit, um sich richtig auszutoben.

Meeresgewimmel
Material: mehrere Gymnastik- oder Judomatten bzw. Straßenkreide, Handtrommel

Für dieses Spiel wird mit mehreren Matten eine Fläche ausgelegt. Für Kinder, die in ihrer Grobmotorik Schwierigkeiten haben, kann es auch auf einem kleinen abgekreideten Feld ausgeführt werden. Denn der Mattenuntergrund ist noch einmal eine besondere grobmotorische Herausforderung. Wenn das Spiel einige Male durchgeführt wurde und die Kinder bereit für eine Steigerung sind, kann man ausprobieren, die Matten als Untergrund zu verwenden.

Durchführung: Die Matten stellen das Meer dar und alle Meeresbewohner bewegen sich dort, ohne sich gegenseitig zu berühren. Auf ein Signal mit der Handtrommel hin wird z. B. die Richtung oder die Bewegungsart gewechselt.

Krakenalarm

Dieses Spiel ist etwas für mutige Kinder! Wichtig ist, vorher einmal die Kraftdosierung zu üben, die nötig ist, um ein Kind zu ziehen, ohne ihm wehzutun.

Material: ein Fallschirm

Durchführung: Alle Kinder sitzen im Kreis auf dem Boden und halten den Fallschirm stramm zwischen sich gespannt. Ein Kind befindet sich als Krake unter dem Fallschirm. Nach und nach zieht es nun an beiden Füßen ein Kind zu sich in seine Höhle. Die anderen Kinder müssen den Fallschirm immer breiter greifen und versuchen, ihn straff zu halten.

Ballwelle
Material: Fallschirm, ein Ball

Hierbei wird nicht nur die Grobmotorik gefördert, sondern auch die Auge-Hand-Koordination und das Sozialverhalten.

Durchführung: Die Kinder stehen im Kreis und halten den Fallschirm gestrafft fest. Ein Ball wird an den Außenrand gelegt. Dieser soll jetzt in Wellenbewegungen weitergeführt werden, indem die Kinder der Reihe nach immer eine Hand anheben und die Nächste senken.

Fangkrake
Dieses Spiel findet am besten im Bewegungsraum statt. Führt man es im Freien durch, muss ein Spielfeld abgesteckt werden.

Material: pro Kind 2 Chiffontücher

Durchführung: Ein Spieler wird ausgewählt, der erste Fangkrake zu sein. Er nimmt in jede Hand ein Chiffontuch und hält es jeweils an einer Spitze fest. Die anderen Spieler bekommen ebenfalls zwei Chiffontücher, müssen diese aber noch klein gefaltet in den Händen halten. Der Fangkrake steht an der einen Seite des Raums, die anderen Kraken an der gegenüberliegenden Seite. Der Fangkrake ruft laut: „Alle Kraken ausschwärmen!" Daraufhin versuchen alle Kraken, auf die andere Raumseite zu kommen. Der Fangkrake versucht, sie abzufangen, indem er sie mit den „Krakenarmen" aus Chiffon berührt. Ein erwischter Krake wird im nächsten Durchgang ebenfalls zum Fangkraken und darf seine Chiffontücher ausbreiten.
Wer zuletzt übrig bleibt, startet als Fangkrake das neue Spiel.

„Wasserball"

Ein Spiel für den Sommer, das im Freien durchgeführt wird. Durch die Wasserbefüllung wird der Luftballon in seiner Dynamik unberechenbar und fördert so Handgeschick, Konzentration und Koordination.

Material: mehrere Luftballons, Eimer mit Wasser, Gefäß zum Gießen

Durchführung: Zuerst wird ein Luftballon etwa zu zwei Dritteln mit Wasser gefüllt und verschlossen. Die Kinder stellen sich nebeneinander in einer Linie auf und geben den Ball von einem zum nächsten Spieler weiter. Fällt der Ballon herunter und zerplatzt, wird ein neuer befüllt und das Spiel fortgesetzt. Hat der Wasserballon die Reihe durchlaufen, entfernen sich alle Kinder eine Fußbreite voneinander und der Ballon wird wieder durchgegeben. Auf diese Weise werden die Entfernungen nach jeder Runde vergrößert, bis der Ballon zugeworfen werden muss.

Bodenspiel „Am Meer" herstellen

Dieses Würfelspiel kann in der Kindergartenhalle oder im Bewegungsraum von zwei bis vier Spielern gespielt werden. Die Kinder sind hierbei selbst die Spielfiguren. Beim Herstellen des Spiels ist die Feinmotorik, bei der Durchführung die Grobmotorik angesprochen.

Material: 50 Bierdeckel, Tonkarton in blau, weiß und grün, Schere, Klebstoff, Bleistift, Buntstifte, größerer Würfel (Augenzahl 1–6)

Durchführung: 40 Bierdeckel mit blauem und 10 Bierdeckel von einer Seite mit grünem und der anderen Seite mit weißem Tonpapier bekleben. Auf die weißen Seiten werden dann mit Buntstiften die Symbole für die Aufgaben gemalt.

Spielvorbereitung: Die blauen Bierdeckel werden wie ein Weg mit nicht allzu großem Abstand im Raum ausgelegt. Die grünen Bierdeckel werden gemischt und mit der weißen Seite nach unten in unregelmäßigem Abstand dazwischen verteilt. Sind die Kinder motorisch schon etwas geschickter, kann man die Zwischenräume zwischen den Bierdeckeln vergrößern oder mit unterschiedlichen Abständen auslegen.

Spielregeln: Die Kinder würfeln der Reihe nach. Jedes Kind darf dann so viele Bierdeckel vorwärtsgehen, wie es Augen gewürfelt hat. Kommt es auf ein grünes Feld, muss dem Symbol an der Unterseite entsprechend gehandelt werden.
  Gewonnen hat das Kind, das den Meeresweg zuerst geschafft hat. Kommen zwei oder mehrere Kinder auf das gleiche Feld, stellen sie sich nebeneinander auf.

Symbole und Aufgaben:

Gehe, wie ein Krebs, zwei Felder rückwärts zurück.

„Krebs"

Die Qualle hat es sehr eilig. Springe schnell mit beiden Beinen zwei Felder vor.

„Qualle"

Schwimme neugierig wie ein kleiner Fisch im Raum hin und her und stelle dich dann wieder auf dieses Feld.

„Fisch"

 Der Krake hat gerade Tinte ausgestoßen und man kann nichts mehr sehen. Gehe vorsichtig und auf Zehenspitzen drei Felder vor.

„Krake"

 Der Thunfisch will in seiner Höhle nicht gestört werden. Er macht einen Mittagsschlaf. Deswegen musst du eine Runde aussetzen.

„Thunfisch"

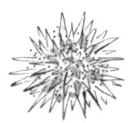 Der Seeigel macht sich vor Angst ganz rund. Kugel du dich auch ein und bleib so sitzen, bis du wieder an der Reihe bist.

„Seeigel"

 Die Krabbe kann sehr schnell seitwärts laufen. Laufe, wie eine Krabbe, im Vierfüßlergang seitwärts einmal den Weg entlang und zurück zu diesem Feld.

„Krabbe"

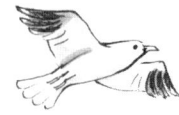 Die Möwe schaut sich das Meer von oben an. Fliege einmal durch den ganzen Raum.

„Möwe"

 *Die Muschel wird von den Wellen zurückgespült. Gehe ein Feld zurück.*

„Muschel"

 *Von hier hat man einen guten Überblick. Klettere vorsichtig (auf die Sprossenwand, einen Stuhl, auf den Tisch) hoch und halte nach Piraten Ausschau.*

„Leuchtturm"

Fische als Stabfiguren gestalten

Stabfiguren eignen sich sehr gut, um Geschichten nachzuspielen oder eigene Rollenspiele zu erfinden. Da sie einfach herzustellen sind, haben die Kinder schnell ein Erfolgserlebnis.

Dient ein Tisch oder ein Schrank als Bühne, sitzen die Figuren oben am Stab. Der Spieler sitzt hinter dem Schrank/Tisch, ist für die Zuschauer nicht zu sehen und führt die Stabfigur an der Oberkante der „Bühne" entlang. Gestaltet man eine Theaterkulisse z. B. aus einem großen Karton, ist die Figur unten am Stab befestigt. Der Spieler beugt sich über die Bühne und führt die Figur von oben.

Material für Anregung 1: Schaschlikspieße, Tonkarton, Scheren, Bleistift, Filzstifte, Tesafilm

Durchführung: Mit dem Bleistift die Umrisse des gewünschten Fisches auf Tonkarton aufzeichnen und ausschneiden. Auf der Vorder- und Rückseite Augen und Mund aufmalen. Einen Schaschlikspieß in der Mitte des Fisches befestigen, und schon kann das Spiel losgehen.

Material für Anregung 2: Rundstäbe (Laternenstäbe), ca. 25–30 cm lang, unterschiedliche Materialien wie z. B. Glanzkarton, Wellkarton und Vivelle, weißer Tonkarton oder Bastelaugen, Schere, Bleistift, schwarzer Markierstift, Klebstoff, Heißkleber.

Diese Version ist etwas aufwändiger, spricht aber die Sinne durch die unterschiedlichen Materialien mehr an. Außerdem ist das Ausschneiden etwas schwieriger, da das Kind sich auf unterschiedliche Materialien einstellen muss.

Durchführung: Aus den unterschiedlichen Materialien werden die jeweiligen Fische ausgeschnitten. Aus weißem Tonkarton Augen ausschneiden und aufkleben (ist es dem Kind nicht möglich, kleine Kreise als Augen auszuschneiden, sind fertige Bastelaugen eine Alternative). Mit dem Markierstift die Pupillen und einen Mund malen. Die Rundstäbe mit dem Heißkleber an dem Fisch befestigen.

Schwimmenden Delfin basteln

Dieser Delfin kann sogar mit in die Badewanne genommen werden.

Material: fester grauer Tonkarton, Bleistift, Filzstifte, Schere, ein Flaschenkorken, Cuttermesser, ein Nagel mit ca. 6 cm Länge, kleine Gewindemutter, Kleber, farblose Schuhcreme, Lappen

Durchführung: Auf den Tonkarton einen Delfin ohne Bauchflosse aufmalen und ausschneiden. Mit den Filzstiften das Gesicht gestalten. Anschließend mit der Schuhcreme von beiden Seiten „wasserdicht" machen. Mit dem Cuttermesser den Korken längs einschlitzen (Erzieheraufgabe). Etwas Klebstoff an die Unterseite des Delfins geben und den Korken in den entsprechenden Schlitz stecken. Die Gewindemutter als Gewicht auf den Nagel ziehen und den Nagel vorsichtig in die Mitte der Korkenunterseite bohren.

Wasserbild anfertigen
Eine fein- und grobmotorische Herausforderung für Regenwettertage.

Material: festes Malpapier, dicke Pinsel, Wasserfarben

Durchführung: Auf ein großes Blatt Papier ein einfaches Muster mit Wasserfarben malen. Dabei zügig arbeiten, damit die Farben nicht ganz antrocknen. Nun das Bild in den Regen halten und von den Tropfen ein Muster herstellen lassen.

Unterwasser-Wandbild erarbeiten

Das Unterwasserwandbild (siehe S. 57) erfordert mehrere Sequenzen. Angelehnt an die Geschichte „Die kleine Qualle findet Freunde" fördert es nicht nur die feinmotorischen Fertigkeiten des Kindes, sondern auch dessen soziale Kompetenz.

Einführung:
In einer Kleingruppe wird die Geschichte von der kleinen Qualle Medusina erzählt. Nebenbei soll auch die Unterwasserwelt genau in Augenschein genommen werden. Hilfreich sind Bilder aus Büchern oder Zeitschriften. Danach wird gemeinsam beratschlagt, was auf dem Unterwasserwandbild alles zu sehen sein soll.

Meeresboden

Material: Papier, Kleister, Sand, Muscheln, Schneckenhäuser, kleine Steine, Pinsel, Malerkittel, Unterlage

Durchführung: Der Kleister wird mit dem Pinsel auf dem Papier verteilt. Dann werden Sand, Muscheln, Schneckenhäuser und kleine Steine darauf verstreut. Es muss darauf geachtet werden, dass nicht zu viel Gewicht auf dem Papier ist, da es sonst reißen könnte.

Nachdem die Sandpapiere getrocknet sind, wird vorsichtig der restliche Sand abgeklopft. Fallen Muscheln oder Steine herunter, können diese auch mit Heißkleber wieder angebracht werden. Nun werden die Sandbilder als Meeresboden unten an der Wand befestigt.

Wasser

Material: große Papierbögen, Wasserfarben (Blautöne), Pinsel, Malerkittel, Unterlagen, Wassergläser

Durchführung: Jedes Kind bekommt einen großen Bogen Papier. Mit verschiedenen Blautönen in Wasserfarbe malen die Kinder mit großen Pinselstrichen das ganze Papier an und legen es zum Trocknen auf die Zeitung.
Dann werden sie über dem Meeresboden an der Wand angebracht.

Fische

Material: Verschiedene Farben von Tonpapier, Scheren, Klebstoff, Unterlagen, Bleistifte, Fotos von den Kindern, die das Wandbild mitgestalten

Durchführung: Jedes Kind überlegt sich, wie sein Fisch aussehen soll, malt diesen auf ein Tonpapier mit der Farbe seiner Wahl und schnei-

det ihn aus. Das Foto des Kindes wird darauf geklebt. Augen des Fisches, Schuppen oder andere besondere Merkmale können dann in verschiedenen anderen Farben ergänzt werden.
Anschließend werden die Fische auf das Wasser geklebt.

Meerestiere

Material: verschiedene Farben von Tonpapier, Scheren, Klebstoff, Unterlagen, Bleistifte

Durchführung: Die Geschichte von Medusina wird nochmals wiederholt, und jedes Kind darf sich aussuchen, welches der Unterwasserbewohner es gestalten will, z. B. den Kraken, die Qualle, den Tintenfisch etc.

Mit oder ohne Hilfe der Erzieherin machen sich die Kinder an die Umsetzung ihres gewählten Wassertieres, das sie, wie die oben angefertigten Fische, selbst aufmalen, ausschneiden und zusammenkleben.

Die selbst kreierten Werke werden zwischen die schon vorhandenen Fotofische gehängt.

Wasserpflanzen

Material: Transparentpapier in Grüntönen, Klebstoff

Durchführung: Die Kinder reißen gemeinsam das Transparentpapier in schmale grüne Streifen, die dann auf den Meeresboden geklebt werden.

Das Wandbild kann nach Belieben durch weitere Meeresbewohner oder anderweitige Vorschläge erweitert werden. Erfahrungsgemäß sprudelt die Ideenflut der Kinder. Natürlich gibt es auch viele Bilderbücher, die begleitend verwendet werden können, z. B. „Der Regenbogenfisch" von Marcus Pfister oder „Swimmy" von Leo Leonni.

Weitere Anregungen zum Thema

Ein Bilderbuch gestalten
Die Geschichte der kleinen Qualle Medusina kann in mehreren Bildern von den Kindern dargestellt werden und als Buch zusammengeheftet werden.

Faltarbeiten
Aus buntem Faltpapier lassen sich schöne Fische, Schiffe und Seerosen falten. Diese sind auch immer eine schöne Dekoration, z. B. im Waschraum.

Sand bemalen
Mit einem Nagel bohrt man in den Boden einer Plastikflasche ein Loch. Man befüllt diese mit Wasser und kann so mit der Flasche als „Stift" und dem Wasser als „Farbe" Gegenstände in den Sand malen. Das Wasser kann auch mit Lebensmittelfarbe gefärbt werden.

Schüttelglas
Mit Muscheln, kleinen Plastikfischen, winzigen Perlen und Glitzersand werden Marmeladengläser zu einem Viertel gefüllt. Wasser bis knapp zum Rand füllen und den Deckel mit Heißkleber gut zukleben.

Schwimmen gehen
Suchen Sie mit einer kleinen Kindergruppe das nächste Schwimmbad auf und machen das Element Wasser bewusst. Falls Sie an einen See

mit den Kindern baden gehen, können Sie auch Kescher, Lupengefäße, Schaufeln und weitere Utensilien mitnehmen und mit den Kindern auf Entdeckungstour gehen.

Spiele mit dem Wasserball
Verschiedene Spiele mit dem Wasserball sind immer eine gute Aktion im Wasser, Garten oder Turnraum, in der Bewegung und Spaß im Vordergrund stehen.

Cowboys und Indianer

Geschichte: Joey und Tadi

Joey saß am Fluss. Er kam oft hierher. Wenn er mit seinem Pferd Pepper ausritt, war das ein schöner Ort, um eine Pause zu machen und Peppers Durst mit dem klaren Wasser zu stillen.

Sein Vater war Cowboy und arbeitete auf einer Ranch. Er musste die Viehherde hüten. Es gab immer wieder Diebe oder auch Raubtiere, die es auf Rinder abgesehen hatten. Manchmal durfte Joey seinem Vater dabei helfen. Doch auf Dauer war das nicht so spannend für einen kleinen Jungen. Sein Vater sagte oft, dass er schon aussehe wie ein Cowboy, aber noch viel lernen müsse. Das stimmte. Joey trug wie alle Cowboys Jeans und Cowboystiefel. Seine Mutter hatte ihm zum Geburtstag ein neues Hemd und ein zweites Halstuch genäht. Und er hatte seinen ersten Cowboyhut bekommen. Seitdem ging er nie ohne Hut aus dem Haus.

Joey schaute Pepper gerade beim genüsslichen Wasserschlürfen zu, als er plötzlich ein Geräusch hörte. Was war das? Er blickte sich um. Von Weitem konnte er einen Jungen sehen, der Steine ins Wasser springen ließ. Joey wusste sofort, dass er zu dem Indianerstamm in der Nähe gehörte. In Amerika lebten die verschiedenen Indianerstämme weit verstreut und auch hier hatte sich einer angesiedelt. Der Junge hatte ein buntes Haarband in seinen längeren schwarzen Haaren. Er trug Kleidung mit vielen Fransen und war barfuß.

Langsam ging Joey auf den Indianerjungen zu. „Ich bin Joey und wer bist du?", fragte er. „Mein Name ist Tadi. Ich hab dich schon öfters hier mit deinem Pferd am Fluss gesehen." Joey wurde neugierig: „Tadi, was ist das für ein Name? Kommst Du aus dem Indianerdorf auf der anderen Seite des Tals? Ich hab noch nie einen Indianer gesehen, immer nur von ihnen gehört." „Komm mit, ich zeig Dir was", sagte Tadi. Er pfiff, und hinter einem großen Felsen kam ein schwarzes Pferd hervor. „Tadi bedeutet auf indianisch Wind und das ist mein Pferd Etu, in eure Sprache übersetzt nenne ich es Sonne. Hast Du Lust, ein Stück mit uns mitzukommen?" Joey stellte auch Pepper vor und schwang sich dann auf ihn, und sie ritten gemeinsam los.

Plötzlich sprang Tadi von seinem Pferd. Er kniete auf dem Weg und betrachtete etwas: „Das ist eine Botschaft meines Stammes. Ich lerne gerade Spuren lesen."

Joey wunderte sich. Da lag ein Stein am Rande des Weges, unter ihm waren zwei Stöcke eingeklemmt, einer zeigte nach rechts. Und ein kleinerer wies in die Richtung, in die sie ritten. Joey fragte: „Und was soll das bedeuten?" Der kleine Indianer lachte: „Das verrate ich dir! Da vorne ist eine Weggabelung. Rechts führt ein kleiner Pfad in die Berge. Man sieht ihn kaum. Ich darf diesen Pfad aber nicht benutzen, denn weiter oben am Berg gibt es viele Schlangen. Zu mehreren kann man da schon entlang reiten, aber nur wenn man sich mit Pfeil und Bogen verteidigen kann. Das muss ich auch noch lernen!"

Joey staunte: „Das würde ich auch gerne können. Was musst Du noch so können?" „Reiten und Schwimmen, aber das hat mein Vater mir schon früh beigebracht. Meine Mutter lehrt uns Indianerkinder Lesen, Schreiben und Rechnen, aber das macht natürlich nicht so viel Spaß wie das Bogenschießen und Spuren lesen. Und Du? Willst Du mal Cowboy werden? Zumindest siehst Du so aus."

Tadi und Joey saßen wieder auf und setzten ihren Weg fort. „Ich möchte schon gerne mal auf einer Ranch arbeiten wie mein Vater. Ich übe schon das Lasso schwingen, um später einmal Rinder oder Pferde einfangen zu können. Mein Vater hat mir auch schon gezeigt, wie man mit einem Gewehr umgeht. Das Schießen will er mir aber noch nicht beibringen, leider. Das Einzige, was mir keinen Spaß machen wird, ist die Rinder durch ein Brandmal zu kennzeichnen. Aber auf eines freu ich mich schon. Ich werde ein eigenes Pferd haben mit einem Westernsattel, ein Gewehr und ein neues Lasso. Hey, guck mal, da ist ein Baumstumpf. Soll ich Dir zeigen, wie man ein Lasso wirft, ich hab eins dabei." Tadi schaute Joey zu. Der erste Wurf ging daneben, aber beim zweiten Mal hatte es Joey geschafft, das Lasso um den Baumstumpf zu schwingen. „Darf ich es auch mal versuchen?", fragte Tadi.

Cowboys und Indianer

Joey zeigte ihm, wie er das Seil halten und durch die Luft wirbeln musste und auf den Baumstumpf zielen sollte. Tadi probierte es mehrere Male, aber es klappte nicht. „Ich musste das auch lange üben. Mach dir nichts draus", meinte Joey. Die beiden Jungen ritten wieder weiter.

„Hast du Lust, mit zu unserem Stamm zu kommen?", fragte Tadi. Joey wurde unsicher. Sollte er wirklich allein in dieses Indianerlager gehen? Seine Eltern hätten es ihm bestimmt verboten. Was war, wenn die Indianer ihn gefangen nehmen würden? Andererseits konnte er sich das fast nicht vorstellen, Tadi war so nett zu ihm. Und solch eine Gelegenheit kam bestimmt so schnell nicht wieder. Und natürlich war Joey neugierig auf das Indianerleben.

Etwas zögernd stimmte er Tadi zu und sie galoppierten los. Joey fragte sich, wie er jemals den Weg zurückfinden würde, denn sie ritten querfeldein, fernab von Wegen oder Pfaden. Versteckt in einer kleinen Mulde unterhalb eines hohen Berges konnte er das Lager der Indianer sehen. „Schau, wir sind schon da. Wir gehören zu dem Stamm der Cheyenne. Komm mit, du brauchst keine Angst zu haben", rief Tadi ihm zu, und schon erreichten sie die ersten Zelte. Tadi und Joey saßen ab, und Tadi brachte Pepper und Etu gleich Wasser. „Hier, das ist unser Tipi. In diesem Zelt schlafen meine Eltern, meine Schwester und ich." Eine Indianerfrau trat heraus und schaute die beiden an und begrüßte sie freundlich. Dann sagte sie zu Tadi etwas in einer anderen Sprache. „Meine Mutter hat sich Sorgen gemacht, weil ich so lange weggeblieben bin. Komm, wir gehen zum Lagerfeuer, die anderen Squaws haben Essen zubereitet. Eine Squaw ist eine Indianerfrau", fügte Tadi noch hinzu. Am Feuer saßen ein paar Frauen und Kinder. Sie trugen ähnliche Kleider wie Tadi und hatten ihre Haare zu Zöpfen geflochten. Sie hatten ganz viel Schmuck an und sahen wirklich schön aus. Aber Joey war viel zu aufgeregt, um etwas zu essen. Es gab so viel zu erkunden.

In der Nähe war ein großer Baumstamm aufgerichtet. Er wusste, dass das ein Marterpfahl war, da viele Muster in das Holz geritzt waren. Zwei alte Männer saßen daneben und schauten zu ihnen hinüber. Joey wurde auf einmal etwas bange, doch Tadi zog ihn schon mit sich in Richtung der beiden Männer. Er stellte ihnen Joey vor: „Das ist Joey, ich hab ihn am Fluss getroffen und da hab ich ihn mitgebracht. Stellt euch vor, er kann das Lasso werfen." Die beiden Männer sagten nichts, aber sie wirkten irgendwie nett, fand Joey. Tadi deutete auf den Mann, der sehr viele Federn in seinem Haar trug. „Das ist unser Häuptling, Großer Adler wird er genannt. Er ist der Anführer unseres Stammes. Er stellt hier die Regeln auf. Und das hier ist Weiße Feder. Er ist unser Medizinmann. Er heilt alle, die verletzt oder krank sind. Siehst du da vorne meinen Cousin? Er ist von einer Schlange gebissen worden und wäre fast gestorben. Aber Weiße Feder hat ihn wieder gesund gemacht." Unsicher gab Joey den beiden Indianern die Hand. Die beiden lächelten ihn an und hießen ihn willkommen.

Auf der anderen Seite des Lagers sah Joey ein paar Indianer, die auf ihre Pferde aufsaßen. „Wo reiten sie hin?", fragte er Tadi. „Sie gehen auf die Jagd, Büffel fangen. Mit Pfeil und Bogen werden sie erlegt. Das Fleisch ist unsere Nahrung, und aus der getrockneten Haut bauen wir z. B. Zelte."

Dann erblickte Joey zwei größere Indianerjungen, die sich miteinander prügelten. „Was ist denn da los?" Tadi lachte. „Die kämpfen schon wieder, als wollten sie in eine Schlacht ziehen. Das ist momentan ihr Lieblingsspiel. Aber schau mal, sie haben ihre Gesichter angemalt, sozusagen ihre Kriegsbemalung." Joey fand das seltsam. „Ich schlage mich doch nicht einfach mal so." „Sie wollen Großer Adler zeigen, dass sie schon bald zu den Indianermännern dazugehören und mit auf die Jagd gehen können. Natürlich wollen sie auch mal gegen andere Indianer kämpfen und unseren Stamm verteidigen, wenn es einmal zum Streit kommt", erklärte Tadi. „Und danach rauchen sie die Friedenspfeife miteinander, stimmt's?", fügte Joey hinzu. Jetzt staunte Tadi: „Was weißt Du denn noch über uns Indianer?" „Na alles, was Du mir heute erzählt und gezeigt hast."

Tadis Mutter kam auf die beiden Jungen zu und gab Joey eine Kette mit Perlen und einer Feder dran. „Hier, das schenke ich Dir. Dieser Indianerschmuck soll Dich beschützen. All unsere Kinder tragen so eine Kette." Joey freute sich und sah, dass Tadi auch eine trug. Er bedankte sich, und als Tadis Mutter wieder im Tipi verschwand, fragte er: „Was macht Deine Mutter den ganzen Tag?" „Oh, sie hat viel zu tun. Sie unterrichtet uns Kinder, sie kocht, näht unsere Kleider. Mit den anderen Frauen sammelt sie Feuerholz und baut wenn nötig Zelte wieder auf und ab. Und sie fertigt auch unseren Schmuck an, wie du siehst."

Joey meinte: „Euer Leben ist so anders als unseres, aber ich finde es toll."

Plötzlich merkte er, wie die Dämmerung anbrach. „Ich muss nach Hause, meine Eltern machen sich bestimmt schon große Sorgen." Tadi rannte in ein anderes Zelt und kam mit einem Indianer heraus. „Das ist Namid. Er und ich begleiten dich nach Hause. Allein findest du den Weg wahrscheinlich nicht heim." Joey war erleichtert und verabschiedete sich von allen. Dann traten sie den Heimweg an. Namid ritt voraus, die beiden Jungen hinterher.

Von Weitem konnten sie die Lichter der kleinen Stadt erkennen. „Ich glaube, das letzte Stück reite ich allein nach Hause", meinte Joey. „Ich weiß nicht, wie die Cowboys und der Sheriff reagieren, wenn sie euch sehen. Wahrscheinlich suchen sie mich schon!" „Was ist ein Sheriff?", wollte Tadi wissen. „Ein Sheriff ist der Chef in unserer Stadt, wie bei euch Häuptling Großer Adler. Er vertritt das Gesetz und sorgt für Recht und Ordnung. Großer Adler trägt viele Federn als Erkennungsmerkmal, der Sheriff hat einen silbernen Stern an seiner Weste."

„Was ist Recht und Ordnung?", fragte Tadi. „Cowboys, die keine Arbeit mehr haben, überfallen oft Postkutschen und stehlen Geld. Man nennt sie auch Banditen. Ein Sheriff muss die Banditen finden und sie zur Strafe ins Gefängnis sperren." Tadi staunte: „Das ist ja richtig gefährlich bei Euch!" „Nicht gefährlicher als Schlangenbisse!" grinste er. Jetzt waren sie kurz vor dem Stadttor. Die Drei hörten lautes Gejohle: „Oh, heute wird in unserem Saloon gefeiert. Ein Saloon ist eine Bar, in der man essen und trinken kann. Cowboys lieben Bier und Whiskey, dann werden sie immer ganz lustig, singen laut oder schlafen in einer Ecke ein und schnarchen um die Wette." Tadi war das alles fremd.

„Wirst du Deinen Eltern erzählen, wo du heute warst?" Joeys Gesicht war mit einem Male nicht mehr so fröhlich. „Sie freuen sich bestimmt riesig, dass ich wieder da bin. Aber wenn sie die Kette sehen, werde ich ihnen wohl erklären müssen, dass ich bei Euch war. Ob sie das so gut finden werden ...?"

„Wann sehen wir uns wieder?", fragte Tadi beim Abschied. „Morgen um die Mittagszeit am Fluss?" Joey freute sich: „Ich werde da sein!" und ritt auf Pepper nach Hause.

Bewegungseinheit für den Turnraum

In Anlehnung an die Geschichte werden die Kinder spielerisch durch verschiedene Bewegungsaufgaben grobmotorisch gefördert. Eine Gruppengröße von sechs bis zehn Kindern wäre zu empfehlen.

Material: ein Reifen, eine Bank, ein Kasten, mehrere Säckchen, mehrere Keulen oder Stäbe, ein Tisch, eine Sprossenwand, Seile und Tücher (Anzahl richtet sich jeweils nach der Hälfte der Kindergruppe), evtl. Musik für den Indianertanz und CD-Player

Durchführung: Nach einem Warm-up wird gemeinsam mit den Kindern ein kleiner Parcours mit Geräten aufgebaut. Dabei soll aber noch nicht verraten werden, was sie darstellen sollen, da Spannung und Motivation so noch gesteigert werden können.

Ein Reifen soll als Lagerfeuer dienen. Eine Bank dient als Brücke, ein Kasten als Fels und Marterpfahl. Säckchen, Stäbe oder Keulen können mehrere Zeichen einer Spur sein, die sich durch den Turnraum fortsetzt. Die Sprossenwand wird zum Baum, und ein Tisch wird zu einem kleinen Stall umfunktioniert. Tücher und Seile werden bereitgelegt.

Die Kindergruppe wird jeweils zur Hälfte in Cowboys und Indianer unterteilt. Als Erkennungsmerkmal binden sich die Indianer ein Tuch um den Kopf, die Cowboys ein Seil um die Hüfte. Die Indianer versammeln sich an einem Ende der Bank. Die Cowboys halten sich bedeckt in einer Ecke des Turnraums.

Die Erzieherin beginnt eine Geschichte zu erzählen, die sie mit Bewegungen unterstreicht. Die Kinder ahmen sie nach.

Bewegungsgeschichte
Mehrere Indianer saßen am Flussufer und warfen Steine ins Wasser *(Wurfbewegungen mit der Hand)*. Es war ein warmer Tag heute, und so beschlossen sie, im Fluss schwimmen zu gehen *(Schwimmbewegungen auf dem Boden neben der Bank)*. Plötzlich kamen Cowboys auf ihren Pferden angeritten *(Galoppbewegungen durch den Raum)* und brachten ihre Pferde am Ufer zum Stehen. Die Indianer erschraken sehr und schwammen schnell zurück *(Schwimmbewegungen)*.

„Hey, habt ihr den Bären gesehen? Er hat ein paar Rinder von uns gerissen", fragten sie freundlich. „Weiter oben in den Bergen hält er sich auf, sollen wir euch hinführen?", boten die Indianer an *(Handbewegung nach oben)*. Die Cowboys nickten und ritten vorsichtig über die alte Brücke. Auch die Indianer schwangen sich auf die Pferde und gemeinsam galoppierten sie los. Bald konnten die Indianer schon die ersten Spuren des Bären lesen und der Fährte folgen *(Galoppbewegungen im Raum, immer den Keulen und Säckchen nach)*. Als sie die ersten Felsen erreichten, kletterten sie hinauf und hielten nach dem Bären Ausschau *(auf den Kasten klettern)*. Sie konnten sehr weit blicken und tatsächlich, sie entdeckten den Bären am entfernten Waldrand.

Sie beratschlagten, wie sie am besten vorgehen sollten, denn der Bär war sehr gefährlich. Außerdem lauerten noch andere Gefahren, z. B. giftige Schlangen oder tiefe Felsspalten. Äußerste Vorsicht war geboten. Die Cowboys beschlossen, sich zunächst alleine an den Bären heranzupirschen. Die Indianer sollten das Geschehen beobachten und, wenn nötig, zu Hilfe eilen. Die Cowboys ritten langsam und so leise wie möglich in die Richtung des Bären *(die Kinder laufen langsam durch den Raum)*. Als sie ganz in der Nähe des Bären waren, ließen sie ihre Pferde zurück und krochen ins Unterholz, damit sie nicht bemerkt wurden *(unter die Bank kriechen)*.

Plötzlich entdeckte der Bär sie. Die Cowboys versuchten noch zu schießen, mussten sich aber schnell in Sicherheit bringen und kletterten auf einen Baum *(Sprossenwand hinauf klettern)*. Der Bär verfolgte sie. Er riss sein Maul auf und wackelte an dem Baum. Er erwischte den Fuß eines Cowboys mit seiner Pranke. Die Cowboys hatten große Angst, sahen aber jetzt, dass sie den Bären mit ihren Schüssen verwundet hatten und dass seine Kraft langsam nachließ. Auf einmal kamen die Indianer mit lautem Geheul auf ihren Pferden angeprescht. Aus sicherem Abstand zielten sie mit Pfeil und Bogen auf den Bären *(Galoppbewegungen, stehen bleiben, und Bogenschießen nachahmen)*. Nach kurzer Zeit gab der Bär auf und humpelte in den Wald hinein.

Die Cowboys sprangen vom Baum herunter. Erleichtert dankten sie den Indianern. „Der Bär wird an seinen Wunden sterben, er wird euer Vieh in Zukunft nicht mehr angreifen", meinten diese. Ein Indianer deutete auf den verletzten Cowboy und schlug vor, ihn in das naheliegende Indianerlager zu tragen, um ihm die Wunde zu verbinden *(Kinder tragen gemeinsam ein Kind durch den Raum zum Reifen und setzen sich darum herum. Ein Cowboy liegt verletzt daneben)*. Einer der Indianer legte ein paar Kräuter auf die Wunde.

Gemeinsam feierten sie anschließend am Lagerfeuer den Beginn einer außergewöhnlichen Freundschaft – zwischen Cowboys und Indianern. Es wurde langsam dunkel und die Cowboys verabschiedeten sich und ritten wieder zurück in ihre Stadt *(Galoppbewegungen durch den Raum zum Tisch)*. Es war ein anstrengender Tag gewesen und so schliefen sie gleich ein *(Cowboys kriechen unter den Tisch und schlafen, ebenso die Indianer am Lagerfeuer)*.

Am nächsten Morgen beschlossen die Cowboys, den Indianern zum Dank eines ihrer schönsten und besten Pferde zu schenken. Als sie zu der Weide ihrer Pferde kamen, schwangen sie die Lassos, um eines einzufangen *(mit dem Seil um die Hüften Lassobewegungen machen)*. Dann ritten sie wieder auf die andere Seite des Tals zum Indianerlager und übergaben das Pferd *(Galoppbewegungen durch den Raum)*. Die Indianer freuten sich sehr darüber. Sie bereiteten ein großes Essen für die Cowboys und tanzten gemeinsam nach Sitte der Indianer um den Marterpfahl *(um den Kasten tanzen)*.

Tipp: Bei kleineren Kindern empfiehlt es sich, die Geschichte im Voraus zu erzählen.
Bei einer Wiederholung der Geschichte können die Rollen getauscht werden.

Indianerfest (Powwow)

Ein Powwow (sprich: Pauwau) ist ein indianisches Volksfest, bei dem es keine Stammesunterschiede gibt und alle zusammen fröhlich feiern. So ein Fest bietet sich für eine Vater-Kind-Aktion an. Fein- und vor allem Grobmotorik werden hier ganz nebenbei trainiert. Mit den Kindern wird der Ablauf vorher besprochen, die Requisiten werden zusammengetragen und natürlich auch Kuchen gebacken und Brötchen belegt. Als Getränke werden Mineralwasser und Säfte eingekauft.
Die Kinder finden es spannend, wenn der Ablauf für die Väter ein Geheimnis bleibt. Sie können sich vorher schon Indianernamen geben und ihren Kopfschmuck fertigstellen. Vielleicht suchen sie sich auch gemeinsam einen Stammesnamen aus.
Als Ort für ein Indianer-Powwow wäre ein Wald mit einer Lichtung ideal.

Material: Pappstreifen, bunte Federn, Tacker, Schminkstifte, Küchenkrepp, pro Vater-Kind-Paar ein kleiner Schuhkarton, Liste mit den Suchaufgaben, feste Stoffstreifen, ein langes Seil, zwei Gymnastikreifen, Stammesurkunden, Picknickdecken, Trinkbecher, Servietten

Ablauf
Treffpunkt ist die Lichtung im Wald.
Die Kinder erhalten ihren Kopfschmuck und wer möchte, kann sich mit den Schminkstiften eine Indianerbemalung machen. Auch die Väter können sich schnell und einfach einen Kopfschmuck aus Pappstreifen und Federn basteln oder nach Indianerart schminken, wenn sie es mögen.
Nun werden alle Indianer auf dem Powwow standesgemäß begrüßt. Danach bietet sich als gemeinsamer Einstieg ein Indianerlied (z. B. „Indianer heißen wir") oder ein Fingerspiel (z. B. „Indianer Hoch und Indianer Tief" oder „Indianer Hagenunu") an. Nun bekommt jedes Vater-Kind-Paar einige Aufgaben, die sie in ca. 30 Minuten erledigen müssen. Mit dem Schuhkarton begeben sie sich in den Wald. Dort müssen sie bestimmte Zutaten suchen, die der Medizinmann dringend benötigt, z. B. etwas Wohlriechendes, etwas Spitzes, etwas Rundes, etwas Schwarzes, etwas Weißes, etwas Weiches, etwas, das nicht in den Wald gehört, eine Waldfrucht und zwei stabile Stöcke, ca. 20 cm lang. Bei der Rückkehr kontrollieren die Erzieherinnen, ob alles vorhanden ist. Die beiden Stöcke werden eingesammelt und zu zwei gleich großen Haufen geschichtet.
Sind alle Paare wieder eingetroffen, geht es an die „wilden" Spiele. Es werden zwei Mannschaften gebildet, die im Hinblick auf die Fähigkeiten der Kinder möglichst gleichwertig besetzt werden sollten. Man stellt sich hintereinander auf, aber jeweils Vater und Kind nebeneinander. Das Seil legt die Startlinie fest, die beiden Reifen werden in 10–12 m Abstand davon als Wendepunkte ausgelegt.
Beide Mannschaften spielen nun gegeneinander.

1. Wettspiel: Dreibeinlauf
Mit den Stoffstreifen binden sich Vater und Kind jeweils mit einem Bein am Fußgelenk aneinander fest. Auf das Startkommando läuft aus

jeder Mannschaft das erste Paar los, umrundet den Reifen und schlägt das nächste Paar an der Ziellinie ab. So wird weiter verfahren, bis alle Paare einen Lauf hinter sich haben.

2. Wettspiel: Schubkarrenlauf
Die Kinder bewegen sich auf den Händen vorwärts, während die Väter die Beine umfassen und sie als Schubkarre schieben. Die ersten Paare der Mannschaft starten auf Startkommando, umrunden wieder den Reifen, laufen zurück und geben dem nächsten Paar mit einem „How" das Startzeichen.

3. Wettspiel: Reiten
Die Väter laufen mit ihren Kindern auf der Schulter oder auf dem Rücken um die Wette. Dieses Spiel lässt sich nur durchführen, wenn keine Väter mit Rückenproblemen dabei sind.

4. Wettspiel: Lagerfeuer
Die Mannschaften bilden eine Reihe von der Startlinie bis zu ihrem Reifen. Dabei wechseln sich jeweils ein Vater und ein Kind ab. Jede Mannschaft erhält einen Haufen der gesammelten Stöcke an der Startlinie. Nun müssen die Stöcke einzeln von Hand zu Hand weitergegeben und im Reifen abgelegt werden. Sieger ist die Mannschaft, die zuerst alle Stöcke im Reifen hat.

Nach jedem Spiel bekommen die Mitglieder der Siegermannschaft mit dem Schminkstift einen „Siegesstreifen" ins Gesicht gemalt.

Nach diesen Spielen trifft man sich wieder im Kreis und jedes Vater-Kind-Paar erhält eine vorbereitete Urkunde, die bescheinigt, dass sie alle Aufgaben gelöst haben und somit in den Indianerstamm XY aufgenommen worden sind.

Anschließend kann das Picknick beginnen. Schön wäre es, wenn man die Möglichkeit hätte, mit einem Lagerfeuer abzuschließen.

Cowboy- und Indianerwürfelspiel herstellen

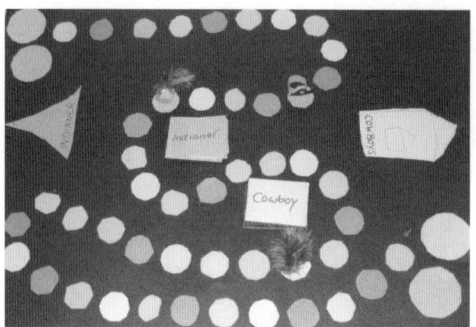

An die Geschichte angelehnt, wird ein eigenes Brettspiel erstellt, indem es auch um den Inhalt der Geschichte geht. Bei der Herstellung des Spiels übernehmen die Kinder so viele Aufgaben wie möglich. Vielleicht können sie auch das Aufmalen der Kreise und Spielkarten übernehmen.

Material: ein Bogen Fotokarton, fünf Bögen Tonpapier in verschiedenen Farben, Stifte, Schere, Klebstoff, Federn, zwei kreisförmige Schablonen in verschiedenen Größen, ein Würfel

Durchführung: Ein Bogen Fotokarton (ist stabiler) dient als Spielbrett. Jetzt müssen mehrere Spielfelder aufgezeichnet, ausgeschnitten und anschließend aufgeklebt werden.

Es gibt Cowboyfelder, Indianerfelder, Fragefelder und Sicherheitsfelder. Den verschiedenen Feldern wird eine Farbe zugeordnet, z. B. grün für die Cowboys, rot für die Indianer, blau für die Fragefelder und orange für die Sicherheitsfelder. Die Erzieherin zeichnet die Kreise (Durchmesser ca. 3–4 cm) auf die unterschiedlichen Papierbögen auf. Jeweils sieben Kreise für die Cowboy- und Indianerfelder, sechs Kreise für Fragefelder und zehn Kreise für Sicherheitsfelder. Diese sollen nun von den Kindern ausgeschnitten werden. Zwei größere Kreise (Durchmesser ca. 8 cm) z. B. in der Farbe schwarz werden ebenfalls aufgezeichnet und ausgeschnitten. Diese markieren jeweils den Start und das Ziel und werden in die diagonalen Ecken des Spielbretts geklebt. Sind alle Felder ausgeschnitten, werden sie wie ein Weg kunterbunt schlangenförmig aufgeklebt, sodass aber noch etwas Platz rechts und links des Spielbretts bleibt. Hier sollen die Kinder ein Indianerzelt und ein Haus für die Cowboys aufmalen.

Nun werden die Fragekärtchen in der Größe von ca. 6 x 8 cm hergestellt. Je zehn Karten werden wieder auf die Farben rot und grün aufgemalt, ausgeschnitten und mit den Fragen und Antworten beschrieben. Auf die roten Karten kann man auf einer Seite „Indianer" schreiben, ebenso auf den grünen Karten „Cowboy" vermerken.
Die Karten werden in zwei Stapeln auf das Spielbrett gelegt.

Jetzt müssen die Spielfiguren angefertigt werden. Die fünf „Indianer" werden durch kleine Stirnbänder dargestellt. Rote schmale Streifen von ca. 8 cm Länge werden zu einem „Ring" zusammengeklebt, an dem dann noch eine kleine gebastelte Feder angebracht wird, die nach oben zeigt.

Für die fünf „Cowboys" wird auch jeweils ein Ring gefertigt. Allerdings aus grünen Streifen, und anstatt einer Feder werden von der Erzieherin kleine schwarze Cowboyhüte aufgemalt, die von den Kindern ausgeschnitten werden. Mit einem silbernen Stift kann ein Sheriffstern auf jeden Hut gemalt werden. Der Hut wird dann an den äußeren Rand des grünen „Rings" geklebt. Fertig sind die Spielfiguren.

Spielregeln: Cowboys und Indianer stehen jeweils auf einem schwarzen Start- bzw. Zielfeld in den Ecken des Spielfelds. Nun wird gewürfelt. Auf den eigenen Feldern und Sicherheitsfeldern besteht für die Spielfiguren keine Gefahr. Kommt aber z. B. ein Cowboy auf ein rotes Indianerfeld, wird er sofort im Indianerzelt gefangen genommen. Kommt ein Indianer auf ein grünes Cowboyfeld, landet er direkt im Haus der Cowboys. Steht ein Cowboy auf einem Fragefeld, wird dem Spieler eine Indianerfrage gestellt. Kann er diese beantworten, darf er stehen bleiben. Weiß er die Antwort nicht, muss er auch ins Indianerzelt. Ebenso wird mit den Indianern verfahren.

Es können auch mehrere Indianer und Cowboys auf einmal im Spiel unterwegs sein.

Das Spiel ist beendet, wenn ein Spieler alle Spielfiguren an das gegnerische Revier verloren hat.

Hinweis: Das Spiel kann auch erweitert oder verkleinert werden, je nach Alter der Kinder.

Indianerkarten

Wie heißt der Anführer eines Indianerstammes?	Häuptling
Welches Tier wird hauptsächlich von Indianern gejagt?	Der Büffel
Was ist eine Squaw?	Eine Indianerfrau
Welche Aufgabe hat der Medizinmann?	Kranke heilen
Was müssen Indianerkinder lernen?	Reiten, Schwimmen, Spuren lesen und mit Pfeil und Bogen schießen
Was ist die Aufgabe der Indianerfrau?	Essen zubereiten, Kinder unterrichten, Feuerholz suchen, Zelte auf- und abbauen

Wie heißt die Indianerbehausung?	Tipi
Womit jagen die Indianer ihre Beute?	Mit Pfeil und Bogen
Was geschieht, wenn Indianer sich nach einem Streit versöhnen oder etwas feiern?	Sie rauchen eine Friedenspfeife
Was tun Indianer, wenn sie auf die Jagd gehen oder in eine Schlacht ziehen?	Sie schmücken sich mit Kriegsbemalung

Cowboykarten

Welche Kleidung trägt ein Cowboy?	Ein Hemd, eine Weste, ein Halstuch, Cowboystiefel, Cowboyhut
Was benötigt ein Cowboy?	Ein Pferd, einen Sattel, ein Lasso und einen Revolver
Was ist die Arbeit eines Cowboys?	Er arbeitet auf einer Ranch, hütet das Vieh und beschützt die Herde vor Dieben und Raubtieren
Was muss ein Cowboy beherrschen?	Reiten und das Lasso werfen

Wie heißt der Mann, der für Recht und Gesetz arbeitet, wie ein Polizist?	Sheriff
Woran erkennt man einen Sheriff?	An seinem Sheriffstern auf der Weste
Was ist ein Saloon?	Eine Bar, in der man essen, trinken und tanzen kann
Wie heißt das Seil, mit dem der Cowboy Tiere einfängt?	Lasso
Wie wird das Vieh von Cowboys gekennzeichnet?	Durch ein Brandzeichen
Aus arbeitslosen Cowboys wurden oft Banditen. Was taten sie?	Banditen überfielen Postkutschen, Banken und Eisenbahnen

Marterpfahl anfertigen

Um das Leben der Indianer im Rollenspiel nachzuspielen, ist ein Marterpfahl ein wichtiges Requisit. Vielleicht gibt es die Möglichkeit, zu diesem Zweck auf dem Spielplatz einen Baum oder einen Pfeiler eines Spielgeräts zu nutzen. Aber auch für den Innenbereich lässt sich ein Marterpfahl relativ einfach herstellen. Durch das Befüllen mit Sand und das Klettern auf die Leiter wird die Grobmotorik ebenso gefördert wie die Feinmotorik beim Bemalen der Röhre. Die benötigten großen Papprollen bekommen Sie kostenlos im Baumarkt oder Teppichlager, wo Bodenbeläge als Meterware verkauft werden.

Material: große Papprolle, reichlich Sand, Kunststoffeimer (Mülleimer) mindestens 40 cm hoch, kleine Schaufel, Trittleiter, kleinen Eimer, Fingerfarben, Borstenpinsel, Plane

Durchführung: Mit der Plane den Boden abdecken. Die Teppichrolle in den Eimer stellen, rundherum Sand einfüllen und festklopfen. Sand in einen kleinen Eimer füllen, auf die Leiter steigen und die Pappröhre von oben ebenfalls mit Sand befüllen und zwar ca. bis zur Mitte. Anschließend kann der Marterpfahl bemalt werden.

Tipp: Mit einer leeren Küchenpapierrolle und einem Joghurtbecher kann man einen Marterpfahl für die Bauecke anfertigen. Dann sollte zum Beschweren allerdings lieber Gips angegossen werden, da der Sand herausfällt, wenn der Marterpfahl umfällt.

Beschützeramulett gestalten

Materialien: Lufttrocknende Modelliermasse weiß oder terrakotta, goldener Lackstift, Holzspieß oder Modellierstäbchen, Lederband oder Samtband, Modellierunterlage, Ausstechform mit ca. 5 cm Durchmesser, Nudelholz

Durchführung: Die Modelliermasse gut durchkneten und ca. 0,7 bis 1 cm stark ausrollen. Mit der Ausstechform die gewünschte Amulettform ausstechen. Mit dem Holzspieß zwei Löcher zum Durchziehen des Lederbandes bohren. Die Löcher sollten etwas größer berechnet werden, da sich die Masse beim Trocknen ein wenig zusammenzieht. Mit der Spitze des Holzspießes vorsichtig ein Motiv oder Muster in den Rohling zeichnen und trocknen lassen. Danach mit dem Goldstift verzieren, trocknen lassen und das Band durchziehen und verknoten.

Steckenpferd gestalten

Sowohl Cowboys als auch Indianer brauchen natürlich Pferde. Die fertigen Tiere fördern die Grobmotorik anschließend beim „Reiten" ganz unbemerkt.

Das Bauen des Steckenpferdes bietet sehr viele Möglichkeiten zur Schulung der Feinmotorik und sollte in mehreren Arbeitsgängen durchgeführt werden.

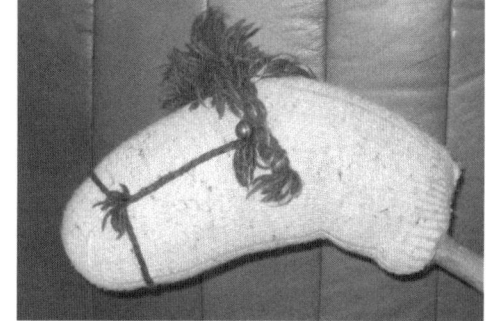

Material: Besenstiel oder stabiler Stock 80–90 cm lang, Bohrer, ein Paar grob gestrickte Herrensocken, Füllwatte, schwarzer und brauner Filz, Schere, Klebstoff, dicke bunte Wolle, Wolle für die Mähne, Häkelnadel, Baumwollgarn in der Farbe der Socken, Stopfnadel, Zentimetermaß, evtl. Textilstift.

Durchführung: In der Höhe von ca. 20 cm ein kleines Loch durch den Besenstiel bohren (Aufgabe für einen Erwachsenen!). Eine Socke bis zur Hälfte des Bündchens fest mit Füllwatte stopfen. Den Stock mit dem Lochende tief hineinschieben, sodass die Sohle des Sockens oben ist, und die Socke rundherum weiter mit der Watte auffüllen. Durch den Bündchenrand mit der Stopfnadel Baumwollgarn ziehen. Die beiden Enden des Fadens über kreuz durch das Loch stecken, fest ziehen und verknoten. So wird verhindert, dass der Pferdekopf vom Stock rutscht. Die zweite Socke über den ausgestopften Strumpf ziehen und genau wie die erste Socke befestigen. Aus braunem Filz zwei

Augen und aus schwarzem Filz zwei Pupillen ausschneiden und auf die Socke kleben. Aus der bunten Wolle zwei Kordeln drehen, eine kurze als Trense und eine längere für die Zügel. Die kurze Kordel rund um das Maul legen und rechts und links gut festnähen. Die beiden Enden der längeren Kordel an der Trense anknoten und als Zügel nach hinten um den Kopf des Pferdes legen. Die Wolle für die Mähne in 20 bis 25 cm lange Fäden schneiden. Die Mähne wie folgt anknüpfen: Die Häkelnadel durch eine Sockenmasche stecken, einen Faden auf die Hälfte legen, mit der Nadel in die Schlaufe fassen und ein wenig durchziehen. Die beiden Fadenenden zusammen um die Sockenmasche herumlegen, durch die Schlaufe stecken und festziehen.

Tipp: Das Kordeldrehen zu zweit ist eine sehr gute feinmotorische Übung. Dazu benötigen Sie, je nach Dicke der Kordel, 2 bis 4 lange Wollfäden. Diese Fäden werden zusammengelegt, und jedes Kind bekommt ein Ende in die Hände. Die Kinder stellen sich so auf, dass die Fäden zwischen ihnen gespannt sind. Sie stehen seitlich und schauen in entgegengesetzte Richtungen. Jeweils mit Daumen und Zeigefinger werden nun die Fäden „verzwirbelt". Dass die Kinder entgegengesetzt stehen und jeder vom Körper weg zwirbelt, ist wichtig. Drehen sie in die gleiche Richtung, dreht sich alles wieder auf.

Sind die Fäden fest verdreht, hält eine dritte Person (am besten ein Erwachsener) die „Schnur" in der Mitte fest und stramm, und die beiden Kinder bewegen sich aufeinander zu. Nun werden die Enden aufeinandergelegt, und die Mitte wird losgelassen. Die Fäden drehen sich von selbst ineinander. Um die Kordel zu fixieren, knotet man die Enden zusammen.

Weitere Anregungen zum Thema

Indianerhaarband
Aus Wollfäden oder breitem Geschenkband ein Band flechten, am Hinterkopf verknoten und 2bis 3 Federn hineinstecken.

Tomahawk
Aus fester Pappe kann eine Klinge ausgeschnitten werden. Hat das Kind dabei Schwierigkeiten, kann die Pappe vorher von der Erzieherin mit einem Küchenmesser leicht angeritzt werden, damit das Kind sie besser schneiden kann. Am schmaleren Ende können mit einer Lochzange zwei Löcher gestanzt werden. Bast durchziehen und an einem selbst gesuchten Stock festbinden und anmalen.

Halstücher für Cowboys
Einfarbige Stoffe, ca. 40 x 40 cm, mit Stoffmalfarbe bedrucken.

Steckbriefe
Auf große, weiße Papierbögen werden „Bösewichte" oder eigene Konterfeis gemalt, die der Sheriff sucht.

Feuerstelle
Mit größeren Steinen wird die runde Feuerstelle markiert. Nun müssen nur noch genügend Stöcke gesammelt werden. In gemeinsamer Runde beim Lagerfeuer kann mit den Kindern Stockbrotteig zubereitet und auf Stöcken gegrillt werden. Je nach Entwicklungsstand können die Kinder auch Stöcke dafür schnitzen. Das Singen von Indianerliedern und Spiele im Wald bieten sich ebenfalls an.

Allerlei aus dem Schmuckkästchen

Geschichte: Das Schmuckkästchen

Anne freut sich schon die ganze Woche auf diesen Nachmittag. Ihre Freundin Mia kommt gleich und sie bleibt das ganze Wochenende. Anne und Mia haben sich in Griechenland im Urlaub kennengelernt und sehen sich ab und zu. Heute darf Mia zum ersten Mal bei Anne übernachten. Das wird ein Spaß!
Annes Eltern haben ein großes Hotel, wo es viel zu erkunden gibt. Das Schwimmbad, die Kegelbahn, das Katzenzimmer und besonders die große Küche und der Eisschrank sind verlockend.
Anne hat das Auto gehört und läuft zum Tor.

Da ist Mia schon und rennt freudestrahlend auf sie zu. Mias Eltern können sich gerade noch verabschieden, schon sind die beiden Freundinnen verschwunden. Im Garten liegen Anne und Mia in der Hängematte und erzählen sich erst mal das Neueste. Dann will Mia die neuen Kätzchen sehen und schon gehen die beiden zum großen Gartenschuppen. Lakritz heißt Annes Katze. Ihr Fell ist dunkel wie Lakritze und glänzt. Sie liegt in einem Körbchen und um sie herum scharen sich fünf kleine Kätzchen. Sie sind erst drei Tage alt. Mia ist begeistert und streichelt eins nach dem anderen. Gemeinsam überlegen Anne und Mia Namen für die Katzenjungen, die mit jedem Tag größer und lebendiger werden. Bald wird das Körbchen zu klein sein, und ein paar Kissen und Decken mehr wären auch nicht schlecht. „Oben auf dem Dachboden könnten wir nachschauen, ob wir etwas Passendes für die sechs Katzen finden", meint Anne.

Unter dem Hoteldach befindet sich ein riesiger Speicher. Weil er so groß ist und auch Fenster hat, sieht es hier nicht gruselig aus, sondern eher spannend. Mia staunt: „Da könnte man sich ja eine komplette Puppenstube bauen mit den vielen tollen Sachen." Anne war erst einmal hier oben, aber sie kennt sich schon etwas aus zwischen dem Gerümpel und den alten Möbeln. In einer großen Truhe entdeckt sie ein paar Laken, und Mia schaut in einem Schrank nach alten Tassen oder Schüsseln für das Futter der Katzen. Auf einmal kracht es und ein kleines Kästchen fällt vom Schrank auf den Boden. Mia und Anne sind ziemlich erschrocken, doch dann öffnet Anne die kleine Kiste. Ein Stück Papier kommt zum Vorschein. Es sieht aus wie ein Brief, aber Anne und Mia können noch nicht gut lesen. Aber was ist denn das? Ringe, Ketten, Armreife, Ohrringe und sogar ein wunderschöner Haarreif befinden sich unter dem Brief. Auch eine Brosche liegt dazwischen. Sie lässt sich aufklappen, und darin ist ein kleines Foto von einem Mann und einer Frau zu sehen. Die Mädchen sitzen verblüfft am Boden und bewundern lange Zeit den glitzernden Schmuck. Ganz vorsichtig nehmen sie die Kostbarkeiten in die Hände und betrachten sie näher.

„Wem der Schmuck wohl gehört?", fragt Mia. „Warum liegt er hier oben versteckt?", überlegt Anne. Die Freundinnen werden mutiger. Anne legt sich eine Kette um den Hals und streift einen viel zu großen Ring mit einem grünen Stein über ihren Ringfinger. Mia holt eines der großen Laken und legt dieses um Anne, sodass es wie ein Kleid aussieht. Dann sieht sie einen Hut und setzt ihn Anne auf den Kopf. Die beiden verkleiden sich als feine Damen, Prinzessinnen und Feen. Sie sehen immer wieder anders aus. In einem alten Spiegel mustern sie sich von oben bis unten und finden sich sehr schick und vornehm.

Erst als es anfängt dunkel zu werden, bemerken Anne und Mia, wie schnell die Zeit vergangen ist und dass sie schon längst beim Abendessen sein sollten. „Was machen wir mit dem Schmuck?" Sie beschließen, alles wieder ins Kästchen zu legen und es in Annes Zimmer zu verstecken. Denn da ist ja noch der Brief und natürlich wollen sie wissen, was darin geschrieben steht.

Nach dem Abendessen wundern sich Annes Eltern. Die Mädchen wollen gleich in Annes Zimmer. Kein Fernsehen, kein Aufbleiben.

Anne und Mia sitzen auf Annes Bett. Der Brief liegt vor ihnen und auch Annes erste Lesefibel. Aber beide gehen erst seit ein paar Wochen in die Schule, und die Schrift sieht auch irgendwie anders aus als die Buchstaben in dem Lesebuch.

Anne hat eine Idee. Sie möchte Tante Ida den Brief zeigen. Tante Ida ist eine kleine ältere Dame. Sie hilft ab und zu in der Küche und lässt Anne auch mal mit einem Augenzwinkern an den Eisschrank, denn Anne liebt Eis über alles. Sie ist für Anne wie eine Oma. Tante Ida erzählt ihr lustige und spannende Geschichten von früher, manchmal spielt sie auch mit Anne, wenn Zeit bleibt. Anne kann immer zu ihr gehen, wenn sie einmal ein Problem hat. Sie arbeitet schon so lange im Hotel und kennt Annes Mutter von Geburt an.

Mia ist einverstanden mit Annes Vorschlag. Brief und Kästchen werden versteckt, und dann kuscheln sich die Freundinnen nebeneinander in die Kissen hinein.

Am nächsten Tag treffen sie Tante Ida. Mia sieht sie zum ersten Mal, aber Tante Ida gefällt ihr sofort. Die Mädchen warten an der Hängematte, bis die ältere Dame Mittagspause hat und sich zu ihnen setzt. Anne fragt: „Tante Ida, kannst du ein Geheimnis für dich behalten?", und als diese nickt, gibt sie ihr den Brief zu lesen.

„Und? Sag schon, was steht da", drängelt Anne.

Lange sagt Tante Ida gar nichts. „Das ist ein Brief an deine Großmutter Emma. Darin steht, dass alle Kostbarkeiten für sie bestimmt sind, dass sie ein wunderbarer Mensch ist und sehr geliebt wird. Wer diesen Brief geschrieben hat, weiß ich nicht. Unterschrieben wurde er nur mit einem großen M." Tante Ida sieht die beiden ernst an: „Woher habt ihr das?" Und Mia beginnt zu erzählen, wie sie das Schatzkästchen gefunden haben, während Anne losrennt und den Schmuck holt.

Nachdem Tante Ida die Schätze bestaunt hat, bittet sie Anne und Mia darum, alles Annes Mutter zu zeigen. Anne hat Bedenken: „Was ist, wenn sie mit uns schimpft, weil wir ohne zu fragen auf dem Dachboden waren?" Die liebe alte Ida nimmt die Mädchen an der Hand: „Ich bin sicher, dass Annes Mutter euch sehr dankbar dafür sein wird, dass euch dieser Schatz in die Hände gefallen ist. Geht ruhig zu ihr."

Als Annes Mama den Brief am Abend liest und den Schmuck sieht, erzählen Mia und Anne noch mal, wie sie das Kästchen gefunden haben. Annes Mutter schimpft nicht, im Gegenteil, sie lächelt. „Das ist die Schrift meines Vaters. Leider hast du deinen Großvater Martin nie kennengelernt, Anne. Das ist sein Geschenk an seine Frau und meine Mutter Emma, die letztes Jahr gestorben ist. Kannst du dich noch an sie erinnern, Anne?" Auf die Frage, warum der Schmuck dort oben versteckt lag, findet auch Annes Mutter keine Antwort. Aber sie freut sich sehr, Erinnerungsstücke von ihren Eltern in den Händen zu halten. Mia und Anne sind stolz auf ihren Fund, aber irgendwie auch ein bisschen bedrückt. Das Spielen mit dem Schmuck hat so großen Spaß gemacht. Annes Mutter versteht die beiden und vertröstet sie auf den nächsten Tag. Was hat sie nur vor?

Nach dem Frühstück geht sie mit Anne und Mia auf den Dachboden. Ganz hinten aus einer Ecke holt sie viele alte Kleider hervor, sogar Stöckelschuhe kommen zum Vorschein. Dann schlägt sie vor, dass die Mädchen sich eine kleine Spielwohnung mit ein paar alten Sachen hier auf dem Speicher einrichten dürfen. Mia und Anne sind begeistert. Obwohl draußen die Sonne scheint, sind sie fleißig am Werk. Sie verkleiden sich immer wieder neu mit den viel zu großen Röcken, Mänteln, Blusen und Kleidern und bald sind sie vornehme Besitzer einer tollen eigenen Stube, in der sie in Ruhe spielen können. In ihrer Verkleidung besuchen sie Tante Ida in der Mittagspause. Anschließend bleiben sie in der Hängematte und machen sich Kopfschmuck aus Gänseblümchen und eine Halskette aus verschiedenen anderen Blumen.

Annes Mutter überrascht die beiden mit einem Eis und meint: „Der

Schmuck geht euch nicht aus dem Kopf, was?" Dann gibt sie jedem Mädchen einen schlichten silbernen Armreif. „Ich hab den Schmuck zum Juwelier gegeben, um ihn erst mal reinigen zu lassen. Aber jede von Euch bekommt einen Armreif als Dank. Bewahrt ihn gut auf, bis ihr groß genug seid, um ihn tragen zu können. Vielleicht könnt ihr ja bis dahin eure Spielwohnung zu einer Schmuckwerkstatt machen und euren eigenen Schmuck anfertigen." Die Idee ist super.

Am Abend wird Mia leider schon wieder von ihren Eltern abgeholt. Doch in zwei Wochen darf sie wiederkommen und dann wird kräftig gearbeitet in der neuen Schmuckwerkstatt.

Quatschgeschichte mit Bewegungen

Durchführung: In dieser kurzen Geschichte sind Reaktion, Koordination und Konzentration gefordert. Lesen Sie den Kindern die Geschichte erst einmal ohne Bewegungen vor und besprechen Sie mit ihnen, was hier nicht stimmen kann. Beim wiederholten Lesen springen die Kinder dann immer auf, wenn etwas falsch ist, hüpfen dreimal vom linken auf den rechten Fuß und rufen dabei: „Quatsch, Quatsch, Quatsch."

Bewegungsgeschichte

Als Anne und Mia am Morgen aufwachten, war es schon fast 9.00 Uhr. Die *Mondstrahlen* kitzelten sie im Gesicht, und die beiden sprangen aus dem Bett. Schnell zogen sie sich an und gingen zum Frühstücken in das *Badezimmer*. Dort hatte Annes Mutter schon leckere Brötchen mit Marmelade und Honig und für jeden einen Becher Kakao vorbereitet. Bevor es zum Spielen ging, mussten sie natürlich nach so einem *sauren* Frühstück die *Füße* waschen.

Danach liefen Anne und Mia sofort die Treppe *runter* auf den Dachboden. Natürlich wollten sie sich wieder verkleiden. Sie setzten sich die schicken Hüte auf und Mia zog knallrote Stöckelschuhe an. Anne hängte sich einen glitzernden Stoff um und streifte goldene Handschuhe über ihre *Füße*. Nun mussten sie nur noch Handtaschen finden. Sie suchten in allen Ecken des Dachbodens und schauten auch in die alten Schränke, die dort standen.

Mia fand es gar nicht so einfach, mit den Stöckelschuhen zu gehen. Sie sagte zu Anne: „Wenn ich später ein großer *Mann* bin, kaufe ich mir bequemere Schuhe." Aber Anne fand Stöckelschuhe toll und konnte das gar nicht verstehen. Leider fanden sie auf dem ganzen Dachboden keine Taschen. Da half nur eins: selber machen! Ob Tante Ida wohl wusste, wie das ging? Sie beschlossen, sie zu fragen.

In ihrer Verkleidung gingen Anne und Mia die Bodentreppen nach unten und *riefen ganz leise:* „Tante Ida!" Diese kam aus der Küche gerannt und fragte: „Was ist passiert? Hat sich einer verletzt?" „Nein, Tante Ida", antwortete Anne. „Wir wollen uns nur eine Tasche basteln. Weißt du, wie das geht?" Tante Ida dachte nach. „So genau kann ich mich nicht mehr erinnern. Aber ich habe ein gutes *Kochbuch*, in dem wir nachschauen können. Wenn ich mit meiner Arbeit fertig bin, komme ich damit zu euch." Anne und Mia freuten sich und *stellten* sich in die Hängematte, bis Tante Ida Zeit hatte.

Variante: Haben die Kinder die Geschichte schon oft gehört, können Sie die Aufgaben verändern, z. B. immer bei den Namen der beiden Mädchen aufstehen, mit geschlossenen Füßen einen Sprung nach vorne machen und sich anschließend einmal um die eigene Achse drehen.

Aufgabenturnen mit Accessoires

Dieses Angebot fördert nicht nur die grob- und feinmotorischen Fähigkeiten des Kindes, sondern auch Gleichgewicht, Konzentration, eigenständiges Handeln und soziale Kompetenz.

Material: 1 Paar Stöckelschuhe, 1 Hut, mehrere Tücher und Seile, Murmeln, 1 langer Rock, 1 Kleid, 1 Krone, mehrere Keulen, Kasten, Matten, Gummitwist, Stühle, mehrere Halsketten, Bank, Klebeband

Durchführung: Mehrere Stationen mit verschiedenen Aufgabenstellungen werden in der Turnhalle aufgebaut. Davor liegen Karten, die die Aufgaben durch eine gemalte oder fotografierte Abbildung der jeweiligen Bewegungseinheit beschreiben und die Accessoires, die das Kind zur Bewältigung der Aufgaben benötigt. Alle Kinder beginnen gleichzeitig an den verschiedenen Turngeräten. Diese sind in einer Reihenfolge angeordnet, die die Kinder einhalten sollen.

Wichtig ist, dass jedes Kind, nachdem es die Aufgabe gemeistert hat, die Station wieder so verlässt, wie sie sie vorgefunden hat. Die Accessoires sollen wieder ordentlich für das nächste Kind bereitliegen. Wenn eine Station noch von einem anderen Kind besetzt ist, sollte geduldig abgewartet werden, ohne dieses Kind zu drängen. Möglicherweise muss bei einzelnen Kindern Hilfestellung gegeben werden.

Stationen:

1. Mit zwei Keulen wird eine Strecke von A nach B markiert, dazwischen liegen Sandsäckchen, die das Kind beim Laufen des Weges übersteigen soll. Die Schwierigkeit besteht darin, dass das Kind dies in Stöckelschuhen meistern soll.

2. Die nächste Übung besteht darin, mit einem Hut auf dem Kopf über eine Bank zu balancieren, ohne ihn zu verlieren. Sind zwei Bänke vorhanden, kann man eine davon umdrehen, um den Schwierigkeitsgrad zu erhöhen.

3. In einem Korb vor dem Kasten liegen mehrere Tücher und Seile. Mit möglichst vielen soll sich das Kind behängen und fünfmal über den Kasten klettern. Ziel ist es, mit allen Tüchern und Seilen wieder am Ausgangspunkt anzukommen.

4. Zwei Matten liegen in 10–15 cm Abstand parallel nebeneinander. 2–3 Meter davor finden die Kinder einige Murmeln und eine Markierung (bspw. Klebeband auf dem Boden). Von dort werden die Murmeln in den Mattentunnel gerollt. Die Aufgabe kann ja nach den Fähigkeiten des Kindes vereinfacht oder erschwert werden, indem man jeweils den Abstand zu den Matten variiert.

5. Ein Kind zieht einen langen Rock an. Damit muss es mehrmals in einige liegende Reifen springen.

6. Drei Matten werden zum Turnen auf dem Boden aneinandergelegt. Das Kind zieht ein Kleid an, das für es bereitliegt. Nun werden Purzelbäume geübt.

7. Ein Slalom-Parcours mit Keulen oder Hütchen wird aufgebaut. Mit einer Krone auf dem Kopf wird der Parcours kriechend bewältigt, ohne dass die Krone herunterfällt.

8. Mit zwei Stühlen ist ein Gummitwist aufgebaut. Das Kind zieht Halsketten an und hüpft ein einfaches Hüpfspiel, das von der Erzieherin angeleitet wird oder zuvor gezeigt wurde.

Schmuck herstellen

Das selbständige Herstellen von Schmuck und das Verkleiden mit schönen Stoffen und Kleidern macht Kindern sehr viel Freude. Darüber hinaus regt es zum fantasievollen Rollenspiel an.
Die folgenden Angebote fördern die Konzentration und die Fingerfertigkeiten auf unterschiedliche Art und Weise.

Geflochtene Armbänder
Material: Verschiedene Farben Bast (dicke Wolle oder Lederreste können auch verwendet werden), Sicherheitsnadeln, kleine Teppichreste, Schere, Lineal

Durchführung: Die Kinder suchen sich zunächst drei verschiedene Farben aus dem Bast aus und schneiden jeweils einen Faden von einer Länge von ca. 30–40 cm ab.
Mit Hilfe der Erzieherin werden die drei oberen Fadenenden miteinander verknotet und mit einer Sicherheitsnadel an einen Teppichrest befestigt, damit die Fäden nicht wegrutschen können. Unter Anleitung kann nun das Flechten begonnen werden. Gegebenenfalls muss erst etwas geübt werden, um dann ein Flechtarmband herzustellen. Nachdem der Umfang des Bandes an das Handgelenk angepasst wurde, werden beide Enden nochmals miteinander verknotet. Fertig ist das Armband.

Knopfketten

Material: viele Knöpfe in verschiedenen Größen und Farben, Golddraht, der sich gut biegen lässt, Schere

Durchführung: Der Golddraht wird nach gewünschter Kettenlänge abgeschnitten und an einem Ende ein größerer Knoten gemacht. Zuvor ausgesuchte Knöpfe werden nun aufgefädelt. Manche Kinder möchten vielleicht eine immer wiederkehrende Aneinanderreihung bestimmter Knopffarben oder Knopfgrößen haben. Hilfreich ist, diese zuvor in einer Reihe auf den Tisch zu legen. Die Knopfkette kann auch immer wieder durch mehrere Knoten unterbrochen werden.

Am Schluss werden die Enden miteinander verknotet. Durch den Golddraht lässt sich die Kette nun nach Wunsch formen.

Haar-Moos-Gummis

Material: einfache bunte Haargummis (bekommt man günstig in jedem Drogeriemarkt), verschiedene Farben Moosgummi, Schere, Stifte, Heißkleber, evtl. kleine Perlen oder Glitzersteine

Durchführung: Unterschiedliche Motive wie z. B. Blumen, Herzen, Sterne, Schmetterlinge etc. werden in einer Größe von ca. 5 cm auf Moosgummi von den Kindern aufgemalt und ausgeschnitten. Mit kleinen Perlen, Muscheln oder Glitzersteinen kann das Motiv dekoriert werden. Danach wird es mit Heißkleber auf das Haargummi geklebt (Erwachsenenaufgabe). Dies sollte mit den Fingern fest angedrückt werden, damit es auch gut hält. Der individuelle Haarschmuck ist fertig.

Es hat nicht jedes Kind lange Haare, um sich mit Haargummis zu schmücken. Das Gleiche kann auch mit Haarbändern oder Haarreifen durchgeführt werden.

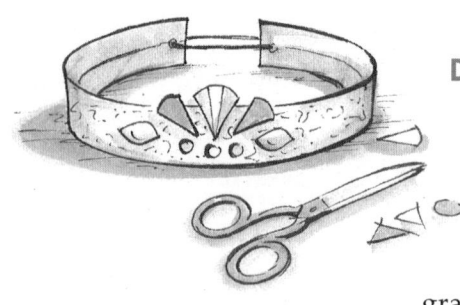

Diadem

So einen Kopfschmuck haben normalerweise nur „Königliche Hoheiten".

Material: selbstklebende Hologrammfolie, dünne Pappe, Hutgummi, Locher, Lochverstärker, Schere, Bleistift, Klebstoff, Pappreste, doppelseitiges Klebeband, evtl. Goldpapier

Durchführung: Den Kopfumfang messen und einen Pappstreifen von dieser Länge in drei Zentimeter Breite zuschneiden. Den Streifen an den Enden ca. 3 cm umknicken und festkleben. Aus der Hologrammfolie einen Streifen von gleicher Länge aber doppelter Breite im Verhältnis zum fertiggeklebten Pappstreifen schneiden. Schutzfolie abziehen, die Pappe mittig auf die Klebeseite drücken und die Folie an den Seiten umknicken.

Aus Pappresten „Edelsteinformen" schneiden und eine Seite mit andersfarbiger Hologrammfolie oder Goldpapier bekleben. Diese Edelsteine mit doppelseitigem Klebeband in der Mitte des fertigen Streifens befestigen. Dabei sollten sie etwas überstehen. Die beiden Enden des Streifens lochen und mit Lochverstärkern versehen. Durch die Löcher je ein Ende Hutgummi ziehen, das Diadem anpassen und das Gummi verknoten.

Tücher- und T-Shirts gestalten

Mit selbst gestalteten Tüchern oder T-Shirts ist man natürlich besonders chic. Die sogenannte Abbinde- oder Knüpftechnik ist eine einfache Batikmethode, die auch Kindergartenkinder ausführen können. Allerdings kann das Werk nicht in einem Tag vollendet werden und erfordert somit etwas Geduld.

Macht man zwei bis drei Färbegänge hintereinander, lässt sich außerdem sehr gut das Mischen der Farben erklären und beobachten.

Material: Baumwollstoffe wie z. B. Tücher aus Nessel, Batist, übliche Haushaltsbaumwolle oder ein weißes T-Shirt, verschiedene Batikfarben, Nachbehandlungsmittel, Salz, Essig, Holzstab oder langer Holzlöffel, Eimer oder große Schüssel, Schere, verschiedene Schnüre wie z. B. Baumwollgarn, Paketschnur, breite Baumwollbänder, Gummihandschuhe, Kittel oder Schürze, Wasser, Waschpulver

Durchführung: Benutzt man neuen Stoff, muss zunächst die Appretur ausgewaschen werden. Am Besten aber beginnt man seine Batikversuche mit einem Stück eines alten Bettlakens. Je nach Art und Weise des Abbindens oder Knüpfens erhält man unterschiedliche Muster im fertigen Stoff:

Beispiele:
1. Den Stoff wie eine „Wurst" zusammennehmen und in Abständen unterschiedlich breite Schnüre ganz fest mehrere Male herumwickeln und die Enden ganz fest verknoten.
2. Den Stoff an mehreren Stellen fest zusammenknoten.
3. Den Stoff zu einem Knäuel zusammendrücken und mit einem Bindfaden kreuzweise umwickeln.
4. Kleine Zipfel abnehmen oder Steine „einpacken" und unterhalb zusammenbinden.

Alle so abgebundenen Stellen nehmen beim Färben nun keine Farbe mehr an.
    Für den Färbevorgang den Stoff in trockenem Zustand wiegen und die gewünschte Farbe nach Packungsanweisung anrühren. Einen Schuss Essig und eine EL Kochsalz zugeben und erkalten lassen.

Möchte man mehrere Farben verwenden, immer zuerst den hellsten Farbton für den ersten Färbegang verwenden und sich bis zum dunkelsten vorarbeiten. Den abgebundenen Stoff kurz in Wasser eintauchen, auswringen und dann für ca. 1 Stunde in das Farbbad legen. Mit dem Holzstab ganz eintauchen und gelegentlich umrühren. Der Stoff muss immer bedeckt sein.

Nach einer Stunde den Stoff herausnehmen und so lange ausspülen, bis das Wasser klar ist (Handschuhe tragen!). Die Bindfäden entfernen und nochmals ausspülen. Trocknen lassen. Soll der Stoff weitere Farben bekommen, wieder einige gewünschte Passagen abbinden und dann einfärben. Dabei muss bedacht werden, dass durch das Überfärben Mischfarben entstehen! Nach dem letzten Farbbad wieder gründlich ausspülen, die Bindfäden entfernen und mit Waschpulver die letzten Farbreste auswaschen. Noch einmal ausspülen und eine halbe Stunde in das Nachbehandlungsmittel legen. Trocknen lassen und bügeln.

Hut basteln

Als feine Damen brauchen Anne und Mia natürlich einen Hut! Das Grundgerüst dieses Modells ist sehr schnell gemacht, muss allerdings von einem Erwachsenen hergestellt werden. Bei der anschließenden Gestaltung sind der Kreativität des Kindes dann keine Grenzen mehr gesetzt.

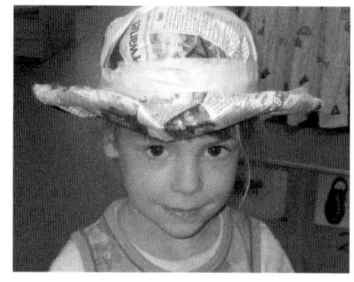

Material: Zeitung, Tesakrepp, Tacker, Finger- oder Plakafarben, Pinsel, Malunterlage, Krepppapier, Schere, Federn, Kleber, Dekomaterial wie Blumen, Glitzersteine etc.

Durchführung: Drei Zeitungsdoppelseiten so übereinanderlegen, dass die Ecken immer um einige Zentimeter versetzt sind. Diese Lagen dem Kind auf den Kopf legen und am Kopf entlang nach unten streichen. Ein Helfer sollte die Zeitungslagen nun gut am Kopf festhalten. Mit dem Tesakrepp alles in Stirnhöhe 2–3 Mal fest umwickeln. Das übrige Zeitungspapier zu einer Krempe nach oben falten und mit dem Tacker gut festheften. Nun ist der Rohling fertig und kann vom Kind nach Wunsch gestaltet werden.

Tasche anfertigen

Wer sich mit schmückenden Utensilien in eine feine Dame verwandelt, benötigt natürlich auch eine schicke Tasche. Dieses Grundmodell lässt viele eigene Gestaltungsmöglichkeiten zu.

Material: Taschenvorlage, Tonpapier, buntes Geschenkpapier, Locher oder Lochzange, Lochverstärker, breites Geschenkband, Schere, Klebstoff, Lineal, Bleistift, Motivstempel, bunte Papierreste

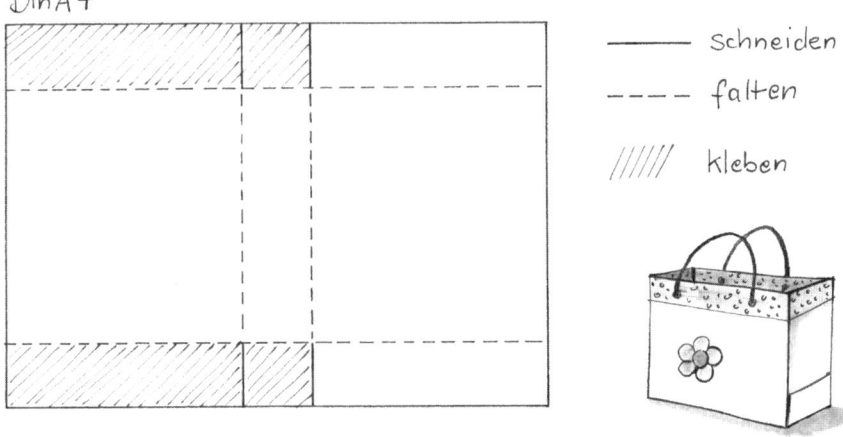

Durchführung: Aus dem Tonpapier nach Angaben in der Skizze eine Tasche herstellen. Aus dem Geschenkpapier einen ca. 4 cm breiten Streifen schneiden und damit die obere Kante der Tasche bekleben. Auf jeder Seite der Tasche zwei Löcher stanzen und mit Lochverstärkern von innen bekleben. Geschenkband in der gewünschten Länge als Henkel durchziehen und gut verknoten. Mit unterschiedlichen Motivlochern aus bunten Papierresten Motive ausstanzen und auf die Tasche kleben.

Tipp: Diese Taschen lassen sich auch kostengünstig aus bunten, großen Kalenderblättern herstellen.

Weitere Anregungen zum Thema

Perlen aus Fimo
Aus Fimo bunte Perlen herstellen, mit einem Zahnstocher Löcher durchstechen und nach Angabe brennen. Anschließend zu Ketten auffädeln.

Schmuckkästchen
Aus einer kleinen Schachtel mit Farbe, Aufklebern und Glitzersteinen ein Schmuckkästchen gestalten.

Schminken
Mit etwas Hilfe können sich Kinder auch schon gegenseitig schminken. Bitte nur gute Theaterschminke oder Kosmetik verwenden und vorher Allergien abfragen.

Knicklichtertanz

Knicklichter sind erhältlich in Angelshops aber auch bei Spielwaren- und Zaubereiartikeln. Sie leuchten im Dunkeln und können so effektvoll bei Tanz- und Bewegungsspielen im Dunkeln eingesetzt werden.

Essbare Kronen

Einen Plätzchenteig (Mürbeteig) fingerdick ausrollen und daraus Kronen ausschneiden. Diese mit Zuckerguss, Farbe, bunten Streuseln etc. garnieren und backen.

Schatzsuche mal anders

Bei diesem Kleingruppen-Angebot werden Grobmotorik und Gleichgewicht spielerisch gefördert und der Spürsinn der Kinder geweckt.

Material: ein Paar Stöckelschuhe pro Kind, Verkleidungsmaterialien, angefertigte Schatzkarte, Schatzkiste, Perlen und Schnüre

Durchführung: Die Kinder stoßen auf eine Schatzkarte und zunächst muss gerätselt werden, was diese darstellen soll, ob es einen Schatz zu suchen gibt und was man alles benötigt, um sich auf die Reise zu begeben.
Die Kinder sollen sich verkleiden und jeder bekommt ein Paar Stöckelschuhe. Auf der Karte sind verschiedene Punkte eingezeichnet, die z. B. das Klettergerüst im Garten oder die Bodenmatte im Turnraum der Kita darstellen. Der Weg zum Schatz führt die Kinder über die jeweiligen Stationen, an denen sie immer wieder neue Hinweise und motorische Aufgaben finden, die sie bewältigen müssen, z. B. über eine Bank balancieren. Am Ende finden die Kinder eine Kiste mit verschiedenen glitzernden Perlen und Schnüren. Jedes Kind kann sich nun seine selbst kreierte Perlenkette auffädeln.

Terry vom Planeten Aquaterra

Geschichte: Auf dem Planeten Aquaterra

Aquaterra ist ein kleiner Planet im Weltall. Seine Bewohner, die Aquaterraner, sind lustige kleine Wesen (beschreiben). Sie leben wie eine große Familie zusammen und ihr Oberhaupt ist der König Aquaxus. Allerdings sieht es auf Aquaterra ganz anders aus als z. B. bei uns. Auf Aquaterra gibt es keine Bäume, Büsche, Sträucher, Gräser oder Blumen. Nicht eine einzige Pflanze wächst dort. Und weil es keine Pflanzen gibt, leben dort natürlich auch keine Tiere, die sich von den Pflanzen ernähren. Nichts als Erde und Wasser gibt es auf Aquaterra.

Eines Tages ruft der König Aquaxus sein Volk zusammen. Er hat gehört, dass es im Weltall einen Planeten gibt, auf dem wunderschöne Blumen blühen, große grüne Bäume wachsen und Sträucher mit leckeren Früchten gedeihen. Der Planet heißt Erde und die Lebewesen dort nennen sich Menschen. Auch viel Land und Wasser gibt es dort, und die Menschen essen sogar Sachen, die in der Erde wachsen.

Die Aquaterraner sind ganz aufgeregt. Sie können sich so etwas gar nicht vorstellen. Sie ernähren sich nur von ihrem kostbaren Wasser, das auf Aquaterra ganz besonders gesund ist.

Gemeinsam überlegen sie, wie sie mehr über diesen Planeten in Erfahrung bringen können. Schließlich merken sie, dass ihnen nichts anderes übrig bleibt, als jemanden loszuschicken. Aber wer traut sich so ein großes Abenteuer zu? Nach langen Gesprächen wählen sie einen Aquaterraner aus: Terry! Er darf sich auf die Reise durch den Weltraum machen, um auf der Erde alle Geheimnisse über die Pflanzen zu erkunden.

Am nächsten Morgen beginnen viele Aquaterraner damit, ein Raumschiff zu bauen, mit dem ein Astronaut Terry zur Erde bringt und später wieder zurückholt. Auch die Flugbahn muss genau berechnet werden, damit Terry sein Ziel sicher erreicht. Alle wichtigen Sterne und andere Planeten, an denen sie vorbei fliegen, werden auf einem Flugplan aufgezeichnet. Und nach einer Woche ist es so weit. Das Raumschiff ist fertig, alles ist vorbereitet und das Abenteuer kann beginnen.

> *Terry verabschiedet sich von seiner Frau, von allen seinen Freunden und von König Aquaxus und steigt zu dem Astronauten in das Raumschiff. Das Triebwerk wird gezündet und alle zählen beim Raketenstart mit: 10, 9, 8, 7, 6, 5, 4, 3, 2, 1, 0! (Die Finger beim Zählen mitbewegen). Der Astronaut drückt den Startknopf und schon saust das Raumschiff los. Terry ist ziemlich gespannt, was ihn wohl erwartet. Vielleicht siehst du die Rakete ja heute Abend am Himmel vorbeisausen.*

Hinweis: Bevor Sie mit der Geschichte starten, benötigen Sie ein nicht all zu großes „Kuscheltier" mit außerirdischem Aussehen.

Dieses Wesen beschreiben Sie in der Geschichte. Es landet dann nach der Einführungsgeschichte „über Nacht" z. B. im Garderobenfach oder in der Eigentumsschublade eines Förderkindes und hat natürlich einen Brief dabei.

Der Brief von Terry

Der Brief, den das Kind am nächsten Morgen zusammen mit Terry persönlich findet, hat folgenden Wortlaut:

Hallo!

Mein Name ist Terry und ich komme vom Planeten „Aquaterra". Das heißt in deiner Sprache „Wasserland". Der Planet Aquaterra ist viele Millionen Kilometer von der Erde entfernt. Wie der Name schon sagt, gibt es dort nur Wasser und Land. Wir haben keine Bäume, keine Büsche, keine Blumen, kein Moos, kein Gras - einfach überhaupt keine Pflanzen an Land, nur ein paar Algen im Wasser. Nun haben wir gehört, dass es auf der Erde Wälder, Wiesen, Sträucher und Blumen gibt, und wir möchten gerne auf Aquaterra auch etwas davon haben. Darum hat ein Astronaut mich heute Nacht hierher gebracht. Wir hoffen, dass der Mensch, der mich findet, gut auf mich aufpasst und mir viel über die Pflanzen erklärt. Ich bin auch sehr vorsichtig und mache nichts kaputt. Vielleicht kann ich ja ein paar Samen oder kleine Pflänzchen mit nach Aquaterra nehmen. Wir glauben nämlich, dass bei uns auch Pflanzen wachsen können, weil wir ja Wasser und Land genug haben.

Würdest du mir bitte alles, was ich wissen muss, zeigen? In ungefähr vier Wochen holt der Astronaut mich mit dem Raumschiff wieder ab. Ich hoffe, ich darf so lange hier bleiben. Ich brauche nur einmal am Tag etwas Wasser zum Trinken. Aquaterraner trinken allerdings erst, wenn die Sonne untergegangen ist. Es reicht, wenn du mir immer etwas Wasser für die Nacht hinstellst.

Ich schlafe am liebsten dort, wo es ganz kuschelig weich ist. Ich brauche dann nur ein Beinkissen, damit die Beine höher liegen als der Kopf.

Bitte zeig mir viele Sachen über die Pflanzen und pass gut auf mich auf!

TERRY

Reiseroute darstellen

Im Anschluss an die Geschichte wird der Flugplan von Terry angefertigt.

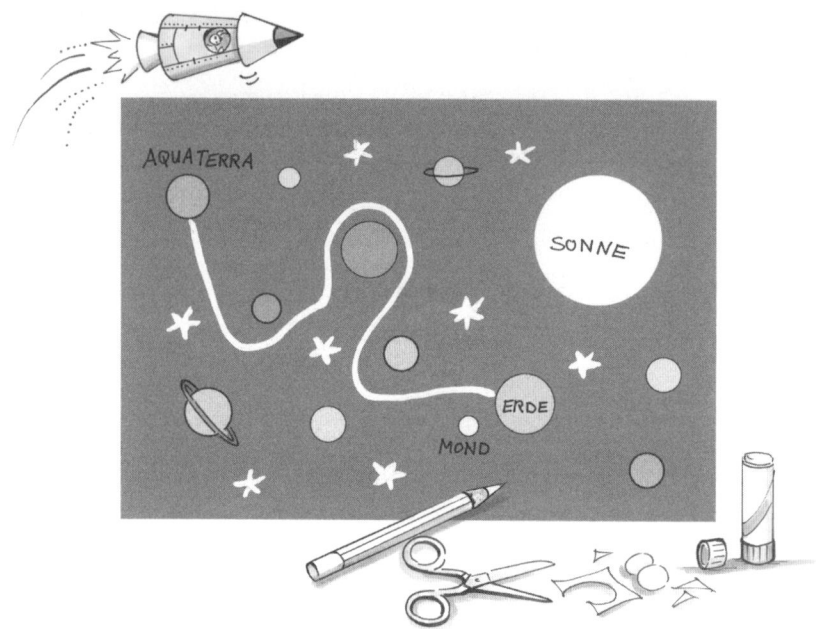

Material: blaues Tonpapier, Bleistift, Schere, farbige Tonpapierreste, gelbes Tonpapier, Goldfolie, Klebstoff, weißer Buntstift

Durchführung: Auf die Goldfolie werden Sterne aufgezeichnet und ausgeschnitten. Aus den farbigen Tonpapierresten entstehen einige unterschiedliche Planeten, darunter auf jeden Fall eine Erde und der Planet Aquaterra. Aus gelbem Tonpapier können die Sonne und der Mond gefertigt werden. Anschließend werden alle ausgeschnittenen „Himmelskörper" auf dem blauen Tonpapierbogen verteilt und aufgeklebt. Mit dem weißen Buntstift zeichnet man die Route ein, die Terry mit seiner Rakete fliegen muss.

Eine Schlafstelle für Terry einrichten
Natürlich soll Terry es auf der Erde auch gemütlich haben. Für die Dauer seines Aufenthaltes bekommt er darum eine eigene Schlafstelle.

Material: 1 Schuhkarton, Buntpapier, Kleister, Schneebesen, kleiner Eimer, Wasser, Materialschälchen, Kleisterpinsel, Schraubglas

Durchführung: Zuerst wird eine kleine Menge Kleister nach Angabe auf der Packung angerührt. Das Buntpapier nun in kleine Stücke reißen und mit dem Kleister außen auf den Schuhkarton festkleben. Nach dem Trocknen kann der Karton mit Stoff ausgelegt werden. Ein Kissen, z. B. aus der Puppenecke dient als Fußkissen für Terry.

Hinweis: Lassen Sie den Kleister ruhig vom Kind anrühren. Der Umgang mit dem Schneebesen schult ebenfalls die Motorik. Auch das anschließende Abfüllen des restlichen Kleisters in ein Schraubglas (am besten über einem Waschbecken) kann das Kind übernehmen. Hierbei wird gleichzeitig auch die Auge-Hand-Koordination geübt.

Blumentöpfe verzieren
Vor einem gemeinsamen Spaziergang im Wald, bei welchem Terry unsere Natur gezeigt wird und Pflanzenableger gesammelt werden, können kleine Blumentöpfe für die Ableger bemalt und verziert werden. Die Serviettentechnik bietet sich hier als feinmotorische Übung ebenfalls an.

Bunte Etiketten anfertigen
Damit Terry auch weiß, welche Samen und Ableger in den kleinen Blumentöpfen sind, die er mit nach Aquaterra nimmt, bekommt natürlich jeder Topf einen Stecker mit dem betreffenden Namen oder Bild.

Dieses Angebot fördert nicht nur die Feinmotorik, sondern auch die Auge-Hand-Koordination.

Materialien: Deckel eines Schuhkartons, weißes oder pastellfarbenes Kopierpapier, Fingerfarben, mehrere Murmeln, kleine Plastiklöffel, kleine Plastiktöpfchen (z. B. Joghurt- oder Quarkbecher), Lineal, Schere, Bleistift, schwarzer Markierstift, Kleber, Schaschlikspieße, evtl. kleine Bilder von den entsprechenden Pflanzen

Durchführung: Einen Bogen Papier in den Deckel des Schuhkartons legen. In jedes Plastiktöpfchen eine Farbe geben. Eine Murmel in die erste Farbe legen, mit dem Löffel darin etwas wälzen, damit herausnehmen und auf dem Papier platzieren. Dann den Deckel hin und her bewegen, sodass die Murmel rollt und Spuren hinterlässt. So mit weiteren Farben verfahren, bis ein buntes Muster entstanden ist. Nach dem Trocknen Etiketten in der gewünschten Form und Größe aufmalen und ausschneiden. Nun werden sie entweder beschriftet oder mit dem entsprechenden Foto gekennzeichnet. Zum Schluss das fertige Etikett oben an den Schaschlikspieß kleben und diesen dann in den Blumentopf stecken.

Terry als Kantenhocker gestalten

Auf dem Regal im Kinderzimmer aber auch als Rollenspielfigur ist Terry so immer gegenwärtig.
Die Farben des Buntpapiers und der Pfeifenputzer richten sich nach dem Aussehen der verwendeten Figur.

Materialien: rechteckige Schachteln (mindestens ca. 6 cm x 8 cm), Pfeifenputzer, Buntpapier, Klebstoff, Folienstift, Schere, Dorn oder Prickelnadel, 2 große Perlen, 2 kleine Perlen, etwas trockenen Sand

Durchführung: Einen Pfeifenputzer um ca. 5 cm kürzen. Mit dem Dorn oder der Prickelnadel in die untere Kante der Schachtel zwei Löcher für die Beine stechen und den kürzeren Pfeifenputzer hindurchziehen. Am Ende die zwei großen Perlen als Füße befestigen. An der rechten und linken Seite der Schachtel zwei Löcher für die Arme stechen und den zweiten Pfeifenputzer durchziehen. An dessen Enden die kleineren Perlen für die Hände befestigen. Nun die Schachtel wenigstens zu zwei Drittel mit Sand füllen und gut verschließen. Anschließend wird die Schachtel mit Buntpapier nach dem Vorbild der Originalfigur gestaltet. Zum Schluss mit dem Folienstift ein Gesicht aufmalen.

Waldspaziergang mit Terry

Um Terry die vielen Pflanzen auf unserer Erde zu zeigen, bietet sich ein Waldspaziergang an. Dabei kann die Grobmotorik intensiver gefördert werden, wenn man zwischendurch kleine motorische Aufgaben mit einbezieht, z. B. auf einem am Wegrand liegenden Baumstamm balancieren. Gemeinsam sollen die Kinder überlegen, welche Pflanzen für Aquaterra gesammelt werden könnten.

Material: mehrere Plastiktüten, bei Bedarf einen oder mehrere Körbe, evtl. ein Pflanzenkundebuch, kleine Schaufeln, Etiketten, Stift

Vorbereitung: Terry muss natürlich mitgenommen werden, damit er die reiche Vielfalt unserer Bäume, Sträucher und Blumen bestaunen kann.

Das Kind, das den Brief von Terry bekam, hat die Aufgabe, ihn in seinen Rucksack zu setzen, am besten so, dass sein Kopf noch rausgucken kann. Sicherlich kann er auch mal bei einem anderen Kind auf dem Rücken sitzen.

Mehrere Plastiktüten zum Sammeln von Wurzeln und Pflanzen dürfen nicht vergessen werden. Und ein Frühstück an der frischen Luft ist immer ein Highlight für Kinder.

Hinweis: Wegen Zeckengefahr auf geschlossene Schuhe und Kopfbedeckung achten und nach dem Spaziergang auf Zecken untersuchen.

Durchführung: Auf dem Weg durch den Wald können gemeinsam viele Blumen und Sträucher erkundet und benannt werden. Ein Pflanzenkundebuch ist sicher sehr hilfreich. Dabei müssen die Kinder Blüten und Blätter genau betrachten, da sich manche auch ähneln können. Da Aquaterra sehr groß ist und es noch keine einzige Pflanze dort gibt, sollte überlegt werden, welche Arten sich schnell verbreiten, z. B. die Löwenzahnblume.

Mit einer Schaufel (evtl. mit Hilfe eines Erwachsenen) kann diese einschließlich ihrer Wurzel ausgegraben und in eine kleine Plastiktüte gegeben werden. Den Namen der Blume auf ein Etikett schreiben und auf die Tüte kleben. Hierbei kann Terry erzählt werden, dass man die Löwenzahnblätter gewaschen sogar essen kann und sie in einem Salat sehr lecker schmecken.

So soll die Pflanzensuche für Aquaterra fortgesetzt werden, bis man genügend Wurzeln und Samen von verschiedenen Pflanzen beisammen hat.

Besonders spannend finden es Kinder, vom Wege abzukommen und querfeldein durch Wald und Wiese zu laufen. Dabei kann man noch so vieles mehr entdecken:

Beispiele:
- Sich in ein Moosbett fallen lassen und zwischen den Bäumen die Sonne blinzeln sehen.
- Über einen schmalen Bach springen und eine kleine Brücke mit Steinen errichten.
- Verstecken spielen in einem Bereich, der zuvor durch Absprache abgegrenzt wurde.
- Mit Naturmaterialien spielen: z. B. kleine Steine zu Steinmehl fein klopfen, mit Ästen ein Floß bauen, mit Zapfen, Steinen, Blümchen, Nüssen u.v.m. ein Naturmandala legen, Stöcke sammeln, z. B. für den Bau einer Waldhütte.
- Blumensträuße pflücken oder Blumenkränze ins Haar binden.
- Naturmaterialien sammeln, um diese später im Kindergarten zum Basteln oder weiteren Angeboten zu verwenden.

Es gibt so viele Möglichkeiten, meist erfinden die Kinder ihre ganz eigenen Spiele. Ein gemeinsames Picknick auf einem Baumstamm rundet den Waldspaziergang ab, bevor man sich wieder auf den Rückweg macht.

In der Kita können manche Pflanzen gleich in Töpfe gepflanzt werden. Noch sehr kleine Pflanzen können in Wasser gestellt werden bis sie Wurzeln ziehen. Alles muss beschriftet und bis zu Terrys Abreise ausreichend gegossen und gepflegt werden. Mit den gesammelten Naturmaterialien kann man im Flur oder auf dem Hof einen Natur-Sinnespfad anlegen, eine Jahreszeiten-Naturcollage basteln, mit Erdfarben malen, Kastanienmännchen basteln und vieles mehr.

Baumeindrücke sammeln

Mit diesen Abdrücken werden Teile eines Baums „konserviert" und können so immer wieder betrachtet werden. Terry kann evtl. sogar einen kleinen Abdruck mit zurück auf seinen Planeten Aquaterra nehmen, um seinen Freunden schon einige Einblicke zu geben, bevor die ersten Bäume dort wachsen können.

Das Arbeiten mit Ton bietet gute grob- sowie feinmotorische Anreize. Falls keine Brennmöglichkeiten bestehen, kann man auf lufttrocknende Modelliermasse zurückgreifen und kleinere Modelle anfertigen. Mit Fotos von den betreffenden Bäumen kann vielleicht auch eine kleine Galerie entstehen. Mit der Digitalkamera kann auch das Kind die Fotos selber machen.

Rindenabdruck aus Ton

Materialien: Ton, altes Nudelholz, kleine Gummiwalze (z. B. für Linoldruck), altes Messer, Plastikplane, Folie, kleines Schälchen mit Wasser, Möglichkeit zum Brennen, evtl. Foto oder Digitalkamera.

Durchführung: Tisch mit einer Plane abdecken und einen größeren Klumpen Ton durch Schlagen und Kneten vorbereiten. Anschließend mit einem Nudelholz ca. 1,5 cm stark ausrollen. Mit dem Messer auf die gewünschte Form (z. B. Rechteck) zuschneiden und zum Transport bis zum Baum in Folie einwickeln. Einen Baum mit möglichst poröser Rinde aussuchen und das ausgepackte Tonstück fest auf die Baumrinde pressen. Mit der kleinen Walze darüber walzen, sodass sich der Ton in alle Vertiefungen drückt. Vorsichtig das Tonstück wieder abziehen, evtl. Reste der Rinde entfernen. Die Ränder des Tonstücks mit etwas Wasser glätten. Den Ton trocknen lassen und anschließend zum Brennen geben.

Blätterstempel

Materialien: lufttrocknende Modelliermasse, kleine Gummiwalze, Korken, Sekundenkleber, verschiedene kleinere Blätter mit stark ausgeprägten Rippen, Stempelkissen oder Bastelfarbe, Knetmesser

Durchführung: Modelliermasse ca. 0,5 cm dünn auswalzen. Verschiedene Blätter hineindrücken und vorsichtig abziehen. Mit einem Knetmesser ausschneiden und die Ränder glätten. Modelliermasse trocknen lassen und anschließend auf den Korken kleben.

Hinweis: Sekundenkleber bitte nur von Erwachsenen auftragen lassen.

Abschiedsbrief von Terry

Irgendwann muss Terry natürlich auch wieder nach Hause. Mit einem Abschiedsbrief (siehe S. 124) kann er sich von dem Förderkind verabschieden. Als Andenken erhält das Kind einen kleinen Kristall (Glitzerstein, Perle oder Ähnliches.)

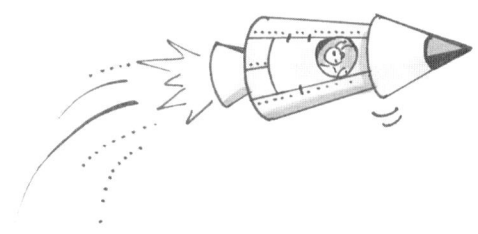

Liebe(r) ....,

ich habe mich bei dir sehr wohl gefühlt. Du warst immer nett zu mir und hast gut für mich gesorgt.
Heute Nacht bin ich von unserem Raumschiff abgeholt worden und nach Aquaterra zurückgeflogen. Darauf habe ich mich sehr gefreut, denn dort wohnt ja meine ganze Familie. Und auch alle meine Freunde kann ich jetzt wiedersehen.
Ich freue mich schon darauf, alle Samen einzusäen und die Ableger einzupflanzen. Ich hoffe, dass es auf Aquaterra bald ganz viele Pflanzen gibt. Wir werden sie sicher immer sehr gut pflegen.
Weil du mich so lieb aufgenommen hast, habe ich auch ein Geschenk für dich. Ich lasse dir einen Aquaterra-Kristall hier. Das Raumschiff hat ihn für dich mitgebracht. Der Kristall soll dich immer an mich erinnern und dir ganz viel Glück bringen.
Und wer weiß, vielleicht sehen wir uns ja noch einmal wieder. Vielleicht komme ich noch einmal zur Erde zurück, um wieder etwas Neues zu lernen.

Bis dahin wünsch ich dir viel Glück, Gesundheit und viele Freunde.
Sei nett zu den Tieren und Pflanzen.

DEIN TERRY

Weitere Anregungen zum Thema

Raketen bauen
Aus Toilettenpapierrollen, Küchenkrepprollen oder Ähnlichem und silbernem Bastelkarton lassen sich schnell Raketen herstellen.

Bilderrahmen
Gestalten sie für ein Foto von Terry und dem Förderkind einen Bilderrahmen.

Wasser- und Matschspiele
Da Terry sich mit den Elementen Wasser und Erde auskennt, bieten sich zur Förderung der Grobmotorik Spiele wie Wasserstafetten (Wasser durch das Umschütten von Bechern weitergeben), Matschstampfen mit den Füßen, Formen mit Erde und Wasser oder das Malen mit Erdfarben an.

Astronautenhelm
Dazu Papier reißen, einen Luftballon auf Kopfgröße aufpusten und in Kleistertechnik dreilagig bekleben. Nach dem Trocknen wie einen Helm zuschneiden und silbern anmalen. Im Miniformat kann vielleicht auch einer für Terry hergestellt werden.

Bewegungsstunde
In der Bewegungsstunde werden Bewegungsabläufe wie Roboterschritt, Wachsen einer Blume, Starten einer Rakete, schwimmen, auf „Bäume" klettern etc. einbezogen.

Anhang

Literaturtipps

Ulrike Blucha / Meggi Schuler: *Fühlen, hören, sehen. Förderideen für Kinder mit taktilen, auditiven und visuellen Wahrnehmungsstörungen.* Verlag Herder, Freiburg 2008

Andrea Erkert: *Lernen mit Bewegungsspielen. Neue Angebote für Vorschulkinder.* Verlag Herder, Freiburg 2007

Johanna Friedl: *Das Ballspiele-Buch. Rollen, werfen, fangen, zielen. Ballspiele mit Kindern für alle Gelegenheiten.* Verlag Ökotopia, 3. Auflage, Münster 2005

Brigitte vom Wege / Mechthild Wessel: *Das große Ideenbuch Kinderförderung. Sprechen, Spielen, Experimentieren, Gestalten, Bewegen.* Verlag Herder, Freiburg 2009

Renate Zimmer: *Bewegung und Entspannung. Anregungen für die praktische Arbeit mit Kindern.* Verlag Herder, 3. Auflage, Freiburg 2008

Renate Zimmer: *Handbuch der Bewegungserziehung. Grundlagen für Ausbildung und pädagogische Praxis.* Verlag Herder, 7. Auflage, Freiburg 2009

Renate Zimmer: *Kreative Bewegungsspiele. Psychomotorische Förderung im Kindergarten.* Verlag Herder, 19. Auflage, Freiburg 2008

Spiele für Kinder

Beispiele zur Förderung der Feinmotorik:
Angelspiel
Steckspiele
Motorikschleife
Packesel
Hammerspiel
Puzzle aller Art
Aufgaben des täglichen Lebens von Maria Montessori
Murmelspiele (auch im Freien)
Wer wagt, gewinnt (Motorik- und Geschicklichkeitsspiel von Fröhling)

Beispiele zur Förderung der Grobmotorik:
Altbewährte Partner-, Gemeinschafts- und Kreisspiele im Freien (z. B. Schubkarren, Fangspiele, Kaiser, wie viel Schritte darf ich gehen)
Hof- und Hüpfspiele (z. B. Stelzen laufen, Pedalo, Balancieren, Hoffahrzeuge, Slalom fahren, Klettern, Seilspringen, Häuschen-Hüpfen)
Fit und Clever. Das knifflige Bewegungsdomino (von Ravensburger)

Internetadressen

www.gesundekinder-in-bw.de
www.familienhandbuch.de
www.physiopaed.de
www.therapeutenfinder.com